# 부관연락선

壹岐丸(이키마루, 여객선, 1905. 9~1931. 5, 1680톤, 79.4m, 337석)

對馬丸(쓰시마마루, 여객선, 1905. 11~1925. 12, 1679톤, 82.5m, 337석)

高麗丸(고마마루, 객화선, 1913. 1~1932. 10, 3029톤, 102m, 603석)

新羅丸(시라기마루, 객화선, 1913. 4~1945. 5, 3024톤, 98.9m, 603석)

景福丸(게이후쿠마루, 여객선, 1922. 5~1945. 6, 3620톤, 114.3m, 949석)

德壽丸(도쿠주마루, 여객선, 1922. 11~1945. 6, 3620톤, 945석)

昌慶丸(쇼케이마루, 여객선, 1923. 3~1945. 6, 3620톤, 114.3m, 945석)

興安丸(고안마루, 객화선, 1937. 1~1945. 6, 7080톤, 134.1m, 1746석)

天山丸(덴잔마루, 객화선, 1942. 9~1945. 6, 7907톤, 143.4m, 2048석)

金剛丸(곤고마루, 객화선, 1931. 11~1945. 5, 7082톤, 134.1m, 1384석)

崑崙丸(곤론마루, 객화선, 1943. 4~1945.10, 7908톤, 143.4m, 2030석)

# 부관연락선과 부산

식민도시 부산과 민족 이동

**국립중앙도서관 출판사도서목록(CIP)**

부관연락선과 부산 : 식민도시 부산과 민족 이동
/ 최영호, 박진우, 류교열, 홍연진.
-- 서울 : 논형, 2007
p. ;    cm. -- (논형학술 ; 36)

색인수록
ISBN  978-89-90618-65-8 94910 :  ₩12000

911.06-KDC4
951.903-DDC21          CIP2007003834

식민도시 부산과 민족 이동

# 부관 연락선과 부산

최영호 | 박진우 | 류교열 | 홍연진 지음

부관연락선과 부산-식민도시 부산과 민족 이동

**지 은 이** 최영호 박진우 류교열 홍연진

**초판 1쇄 인쇄** 2007년 11월 25일
**초판 1쇄 발행** 2007년 11월 30일

**펴 낸 곳** 논형
**펴 낸 이** 소재두
**편 집** 최주연, 김현경
**표 지** 홍원태

**등록번호** 제2003-000019호
**등록일자** 2003년 3월 5일
**주 소** 서울시 관악구 봉천2동 7-78 한립토이프라자 5층
**전 화** 02-887-3561
**팩 스** 02-887-6690

ISBN 978-89-90618-65-8 94910
**값** 12,000원

# 서문

부산과 시모노세키 사이의 연락선을 일본에서는 흔히 '관부(關釜)연락선'이라는 명칭을 사용하지만, 이 책에서는 부산과 시모노세키 사이의 지역 간 연락선이라는 의미로 '부관연락선'이라고 부르고자 한다.

1905년 9월 부산과 시모노세키(下關)를 잇는 연락선이 1,680톤급의 '이키마루(壹岐丸)' 출항과 함께 개통되었다. 이 시기는 러일전쟁을 종결짓는 포츠머스조약이 체결된 직후로서 일본의 대륙 진출을 위한 경부선 철도와 일본 본토의 철도 연결을 위하여 연락선 운행이 추진된 것이다. 이후 일본 패전 직전에 이르기까지 연락선 운행이 계속되어 50년에 걸쳐 3천만 명 이상의 승객을 수송했다. 일본 패전 직후에는 귀환자 수송 선박으로 운행되기도 했다. 식민지 시기를 전후로 한일 간 민족 이동과 부산을 이해하려면 '부관연락선의 역사'를 반드시 이해해야 한다.

이러한 문제의식 아래 부관연락선과 경부선 철도 역사 100년이 되는 시점에서 4인의 연구자가 참여하여 2004년 12월부터 1년간에 걸쳐 한국학술진흥재단의 지원을 받아 부관연락선에 의한 민족 이동과 민간교류에 관한 연구를 추진하게 되었다. 이 연구가 원활하게 진행되고 마치게 된 것은 무엇보다도 재단의 지원이 있어 가능했다.■

연구 프로젝트를 계획하는 가운데 연구진은 부관연락선에 관한 기존의 연구 축적에 바탕을 두면서 유동적인 개념으로서 '민족'을 인식하고 한반도와 일본열도라고 하는 공간에서 끊임없이 이어지는 민간 교류의 실체와 그들의 식민지 인식을 파악하고자 했다. 아울러 부관연락선의 개통으로 일본제국의 대륙 침략을 위한 전진 기지가 된 부산의 지역적 특성에 맞추어 일제강점기 역사를 재조명하고자 했다.

이 연구 프로젝트는 다음 세 가지 방향에 주안점을 두고 추진되었다. 첫째는 연구 대상으로서 민족의 유동적인 측면을 중시했다. 기존의 연구가 대부분 민족을 유동적인 측면보다는 고정적인 측면에서 관찰하고 있다는 점을 지적할 수 있다. 즉 식민지 시기 일본과 한반도를 왕래하는 사람들보다는 일본이나 한반도 사회에 정착해 가는 사람들에게 연구의 초점이 맞추어져 있다는 것이다. 이러한 접근 방법으로는 민족의 유동성과 변동성을 이해하는 데 충분하지 못하며, 특히 부산의 유동적인 식민지 전개 양상을 설명하기에는 한계가 있다. 따라서 이 연구는 관계사적 접근 방법을 통해 이동하는 민족의 계층과 인식의 변화를 포착함으로써 사회사적 접근 방법의 한계를 극복 내지 보완할 수 있을 것이다.

둘째는 민간인의 움직임과 인식을 중시했다. 기존 연구들은 대부분

■ 한국학술진흥재단 2004년도 협동연구과제(KRF-2004-A00002)

정치가 · 재력가 · 운동가들의 활동상에 초점이 맞추어져 있는 까닭에 엘리트 중심으로 치우쳐 있다. 식민지 시기에 있어서 한반도와 일본 본토에서는 계층의 변화가 끊임없이 일어나고 있었다. 계층별로 식민지 정치문화에 대한 인식을 달리한 점에서 볼 때 이러한 엘리트 중심의 연구는 다양성을 설명하는 데 한계가 있다고 할 수 있다. 따라서 이 연구에서는 연락선 승선자에 국한했지만 일반 민간인의 움직임과 인식 상황에도 관심을 두었다. 그와 함께 부산 지역의 일본인과 한국인 인구 변화 양상을 밝히고자 했다.

셋째는 부산의 지역적 특수성 혹은 관계성을 중시했다. 기존의 식민정책 연구는 대체로 한반도를 하나의 통일된 공간으로 상정하고 있어 식민통치의 지역적 특성을 파악하는 데 한계가 있다. 이 연구는 일본제국의 대륙 진출 거점인 부산의 지역적 특수성을 집중 조명했으며 이를 통해 선행 연구의 한계를 어느 정도 극복할 수 있을 것으로 보았다. 다만 민간인들의 이동상황에 관한 연구는 이동의 다양한 양상을 총체적으로 파악하기 어려울 뿐 아니라 자료 수집에 있어서도 광범위한 분야에 걸친 작업을 요한다. 따라서 이 연구는 부관연락선 승선자로 대상을 한정하고 이에 관한 자료수집과 분석에 집중하였다. 특히 식민지 시기에 있어서 연락선은 한반도와 일본 본토를 연결시키는 유일한 민간인의 교통수단이었다는 점에서, 연락선 관계 자료를 통해 부산의 특수한 식민지 전개 상황을 분석하는 일이 한국과 일본의 근대사 연구에서도 중요한 의미를 가질 것으로 보았다.

이 책의 집필진이기도 한 연구진은 공통적으로 다음 세 가지 요건을 갖춘 전문가로 구성되었다. 첫째는 자료 수집과 분석을 위해서 기본적으로 식민지 시기의 일본어 문장을 해독할 수 있는 연구자들이다. 둘째는 근현대사 전공으로 부산의 지역사에 관심을 갖고 있는 연구자들이다. 셋째는 다양한 시각으로 문제의식에 접근할 수 있도록 각기 다른 전공의 전문가와 실무자로 연구진을 구성했다. 즉 식민지 시기 일본제국의 국가정책으로서 연락선 및 철도 정책과 부산의 교통체계의 변화를 파악할 수 있는 국제관계학 전공자, 한국과 일본의 근대사 자료의 현황과 한계를 파악할 수 있는 역사학 전공자, 그리고 부산광역시청에서 지역사 자료를 편찬하는 업무를 담당하는 실무자로 구성하였다.

연구 프로젝트를 수행하는 데 있어서 연구진은 주위로부터 많은 도움을 받았다. 우선 부산과 영남지방에서 활동하는 일본연구자들을 중심으로 매월 모이는 '일본지역연구회'는 이 연구 프로젝트를 태동하게 하는 인큐베이터가 되었다. 특히 여러 학회와 연구발표회에서 질정과 조언을 아끼지 않은 토론자들에게 감사드린다. 또한 연구진의 연구보조원으로서 자료 수집과 정리 등의 업무로 수고한 한국해양대학교 대학원 김정란, 부경대학교 대학원 김윤미, 영산대학교 학부생 조길현, 정성환 군에게 감사드린다.

끝으로 부산대학교 차철욱 연구원과 규슈국제대학의 사카모토 유이치(坂本悠一) 교수, 시모노세키 시립대학의 기무라 겐지(木村健二) 교수 등으로부터 연구 자료와 자문을 받은 것에 대해 감사하지 않을 수 없다.■

■ 사카모토 교수와 기무라 교수는 본 연구진과 같은 시기에 식민지 부산에 관한 연구 결과로 단행본을 출간했다.
坂本悠一·木村健二, 『近代植民地都市釜山』, 桜井書店, 2007.

또한 2005년 8월에 부산에서 열린 한일역사연구자 공동학술대회에 참석한 양국 연구자들로부터 많은 조언을 받았으며, 부산광역시 시사편찬실로부터도 관련 자료와 정보를 제공받았다.

이 책을 통해 연구자뿐 아니라 일반 독자도 부산의 특수성과 부관연락선의 역사를 이해할 수 있기를 바란다. 아울러 이를 계기로 부산과 부관연락선의 역사에 관한 새로운 자료 발굴과 연구가 보다 활발히 전개되기를 기대한다.

2007년 늦가을

집필진을 대표하여

최영호

## 차례

## 3장 부관연락선과 도항증명서제도_류교열



## 4장 일본의 패전과 부관연락선_최영호

# 1장 부관연락선과 부산부 일본인

홍연진

일제강점기 부산의 전차
출처: 부산박물관, 『부산의 역사와 문화』

## 1. 들어가며

1905년 1월에 부산의 초량역과 서울의 영등포역을 잇는 경부선 철도가 개통되었고, 그 해 9월에는 부산항과 시모노세키(下關)항을 잇는 연락선 이키마루(壹岐丸)가 취항하였다. 이 시기는 러일전쟁을 마무리하는 포츠머스조약이 체결된 직후로서 일본은 대륙 침략을 위해 부설하기 시작한 철도를 부산에서 서울까지 연장하였다. 이와 함께 일본의 산요(山陽)철도회사는 일본의 산요선 철도와 한국의 경부선 철도를 연결시키기 위해 해상 연결 수단으로 선박 수송을 계획하고 연락선 운행을 추진하였다. 이렇게 하여 부관 정기 항로가 시작되었다.

부관연락선은 일본이 태평양전쟁에서 패전하기 직전, 미군 공습으로 부관 항로가 차단될 때까지 운항되었고, 패전 직후 일시적으로 귀환자를 수송하는 선박으로 이용되기도 했다. 따라서 부관연락선은 일제강점기에는 한반도와 일본 본토 사이에서 인적·물적 자원을 운반하는 독점적 수송 수단으로서 자리를 차지하였고 일본 패전 이후에는 식민지 통치를 정리하는 작업으로서 귀환자들을 '본국'에 수송하는 역할을 담당했다.

이 글에서는 부관연락선의 역사와 일제강점기에 부산부(釜山府)에 거주한 일본인의 인구 변동의 관계를 개략적으로 정리하여 소개하고자 한다. 필자는 다년간 부산 지역의 역사를 소개하는 일을 직무로 해오고 있는 가운데, 평소 연구과제로 생각해 오던 것을 연구책임자 최영호 교수의 지도와 도움으로 이 글을 정리했다. 이 글을 작성하는 데 있어서 필자는 부관연락선의 역사와 부산부의 역사를 함께 시야에 담고 자료들을 분석하고자 했다. 선행 연구와 관련 자료들을 토대로 하여 부관연락선의 역사와 수송 실적에 대한 개괄적인 정보를 나름대로 정리하고, 수송 실적 상황과 부산부 거주 일본인의 인구 변동에 주목하여 그 상관관계를 유추하여 이를 일제강점기 전반의 성격과 연관시켜 서술하고자 한다.

## 2. 부관연락선의 역사

### (1) 부관연락선의 개통

일제강점기 한반도와 일본 본토 사이의 인적·물적 자원의 이동과 관련하여 부분적으로 부관연락선을 언급한 저서와 논문은 많다. 그 가운데 부관연락선의 역사에 관한 본격적인 연구로, 1980년대에 조선인의 한일간 이동이라는 관점에서 여객 수송 추이를 정리한 김찬정의 저서[1]를 꼽을 수 있다. 최근에는 일제강점기 부산상공회의소 통계 자료를 중심으로

1) 金賛汀,『関釜連絡船 : 海峡を渡った朝鮮人』, 朝日新聞社, 1988.

하여 부관연락선의 여객과 화물 수송 추이를 분석 정리한 기무라 겐지(木村健二)의 논문이 주목할 만하다.[2] 그러나 이 글을 포함하여 부관연락선의 수송 역사에 관한 선행 연구가 나올 수 있었던 것은 무엇보다도 히로시마(広島)철도관리국에서 1970년대에 편찬한 자료집[3]에서 기본적인 정보를 제공하고 있기 때문에 가능했음은 부인할 수 없다.

근대 사회 이전에 한반도와 일본열도를 잇던 공식적인 사절로는 조선후기 통신사행과 부산에 있었던 왜관과 쓰시마(對馬)번을 중심으로 오가던 사행이 중심을 이루었다. 그러나 이들은 부정기적인 사행으로 대부분 일본의 요청에 의해 회답사절로 파견되거나 왜관 무역을 위해 오가던 사행이 주류를 이루었다.

한편 근대 사회로 접어들면서 한일 양국에 정기 항로는 아니지만 공식적인 항로가 열리기 시작했다. 일찍이 강화도조약 이듬해인 1877년부터 일본의 재계가 정부에 대해 한반도와 일본을 연결하는 정기 항로를 취항시키려는 의향을 밝힌 일이 있었다. 즉 메이지(明治) 시기를 대표하는 일본 실업가로 당시 일본은행(第一國立銀行) 총감 직책을 담당했던 시부사와 에이이치(渋沢栄一)가 스스로 부산을 방문하여 일본인들의 상업 실태를 시찰한 후, 일본인 최초로 무역상사(오쿠라구미상회大倉組商會)를 설립, 운영하던 오쿠라 기하치로(大倉喜八郎)와 연명하여 1877년 8월에 청원서를 제출한 것이다. 이들은 메이지 정부의 대

2) 木村健二, 「関釜連絡船이 수송사에서 차지하는 위치」, 『한국민족문화』 28집, 2006.10., pp.167-181. 이 논문의 일본어 문장은 坂本悠一·木村健二, 『近代植民地都市釜山』 第3章, 「関釜連絡船の輸送史に占める位置」, 桜井書店, 2007.

3) 日本国有鉄道広島鉄道管理局(編), 『関釜連絡船史』, 大村印刷株式会社印刷, 1979.

장성(大藏省)에 대해 조선과의 무역을 확장하기 위해 자금 10만 엔(円)을 대부할 것과 매월 2회 내지 3회의 정기 항로를 열게 할 것을 건의했다.[4] 이때 메이지 정부는 규슈(九州) 지방을 중심으로 전개된 세이난(西南)전쟁으로 인해 혼란한 정국이 진정된 후에 운항을 허락하겠다는 회답을 내렸다.[5]

그 후 양국 간 인원과 물동량이 증가함에 따라 정기 항로를 개설하려는 움직임은 본격화 되어 1893년에 일본의 민간 회사에 의해 인천과 오사카(大阪) 그리고 모지(門司)를 연결하는 645톤급의 기소가와마루(木曾川丸)가 취항했고, 이어서 1902년에는 원산과 오사카, 원산과 모지를 연결하는 746톤급의 스미다가와마루(隅田川丸)가 취항하였다.[6] 이 두 선박에 의한 항로가 근대 한일 양국 항로의 효시가 되었으며, 부관 항로의 정기 연락선이 취항하게 되는 밑거름이 되었다.

부관연락선이 개통된 1905년을 전후한 시기는 한반도를 둘러싼 열강들의 이권 침탈이 거세게 몰아친 때이기도 했다. 러일전쟁에서 승리한 일본은 1905년 9월 루즈벨트 미국 대통령의 주선으로 포츠머스에서 강화조약을 체결하였다. 이 조약의 체결로 일본은 한반도에서 독점적 지배권을 확보하고, 만주·연해주 지역에서도 많은 이권을 확보하였다. 그리고 그 해 11월에는 을사늑약으로 한국으로부터 외교권을 빼앗아 대륙 침략

4) 「韓地貿易 = 付拝借金之儀願書」(1877.8.2.), 渋沢栄一伝記資料刊行会, 『渋沢栄一伝記資料』 第十六巻, 渋沢栄一伝記資料刊行会, 1957, pp.639-640.

5) 당시 内務卿 大久保利通의 회답. 「韓地貿易開設 = 付郵便汽船御借向被下度儀願書」(1877.9.21.), 渋沢栄一伝記資料刊行会, 『渋沢栄一伝記資料』 第十六巻, 渋沢栄一伝記資料刊行会, 1957, p.640.

6) 日本国有鉄道広島鉄道管理局(編), 『関釜連絡船史』 p.17.

을 위한 계획을 노골화하였다. 이러한 한반도를 둘러싼 당시의 시대적 배경 속에서 한반도와 일본 본토 사이에 정기 항로로 취항한 부관연락선의 변모는 그 후 일제강점기 전반에 걸쳐 일본의 대륙 침략 정책의 한 단면을 상징적으로 보여준다.

처음에는 초량과 영등포 사이를 잇던 경부선 철도가 1905년에 부산과 경성(京城)으로 연장되자, 일본의 산요철도주식회사는 적극적으로 일본 산요선 철도와 한국 경부선 철도를 연결하여 인적·물적 자원을 수송하려는 계획을 추진하였다. 이 계획은 같은 해 9월 11일 부관 항로를 개설하고 정기 연락선을 취항시킴으로써 가시화되었다. 항로 개설과 함께 처음으로 취항한 연락선은 이키마루였다. 철도와 철도를 연결하는 연락선은 도착 시간을 어기지 않아야 하는 관계로 고도의 항해 기술과 선박 관리를 필요로 했다. 여기에 대한해협을 관통하는 연락선은 해협의 거센 조류를 가로질러 운행해야 하므로 부관연락선에는 당시 일본이 가진 조선기술을 집대성한 우수한 선박이 배치되어야 했다.[7)]

이키마루 선박은 1904년 5월에 나가사키(長崎)에 있는 미쓰비시(三菱) 조선소에서 만들어졌다. 이 배는 일본에서 건조된 선박으로서 최초로 대한해협을 건너는 대형 연락선이 되었으며 선박의 길이가 79미터, 폭이 10.9미터, 총 규모는 1,680톤에 달했다. 배의 대략적인 구조는 선단에서 선미까지 평평한 갑판으로 되어 영국의 해외 항해 선박을 모방하여 만들어진 것으로 알려지고 있다. 이 배는 그 후 1922년에 세이칸(青函) 해협의 항로로 옮겨져 배치되었으며, 그 이듬해 얼음을 깨며 항해할 수 있는 구조로 개조되어 홋카이도(北海道) 북쪽 항로[8)]에 배치되어 일본

7) 佐久間宏,「関釜連絡船の今昔」,『季刊三千里』13号, 1978.2., p.183.

국내 항로의 연락선으로 47년간 운행되다가 1951년 해체되었다. 이키마루의 유물로 신호를 알리던 종이 현재 도쿄의 교통박물관에 보존되어 있다.[9)]

이키마루에 이어서 1905년 11월에는 쓰시마마루(對馬丸, 1,679톤)가 취항했다. 1906년 5월 12일자 「철도시보(鐵道時報)」에 게재된 부관연락선 안내 광고를 보면, 부산과 시모노세키에서 각각 매일 한 차례 정기적으로 운항한 것으로 되어 있으며, 일본의 산요(山陽), 규슈(九州), 도카이도(東海道) 철도선과 한국의 경부선을 선박과 열차로 연결하는 표를 발매하였다. 한편 이 연락선은 밤 10시에 부산을 출발하여 다음날 아침 9시 반에 시모노세키에 입항하였고, 시모노세키에서는 저녁 8시에 출발하여 다음 날 아침 7시에 부산으로 입항하였다.[10)]

이 당시 부관연락선은 승객 정원 317명(1등석 18명, 2등석 64명, 3등석 235명 정원), 화물적재량은 300톤, 속력은 15노트로 부산과 시모노세키를 오가는데 11시간 정도 걸렸다. 이 가운데 가장 처음 취항한 이키마루의 운임은 1등석 12엔, 2등석 7엔, 3등석 3엔 50전으로 각각 양식과 일본식 식사가 제공되었다. 호화로운 1등석에는 일류호텔과 같이 담화를 나눌 수 있는 휴게실과 레스토랑이 완비되어 있었지만, 많은 공간을 차지하는 3등석에는 '누에 선반'과 같이 빼곡한 공간에 많은 승객과 물건들이 뒤섞여 있어 이용자 사이에 불평이 많았다.[11)] 결국 일본은 부관 항로의

8) 홋카이도의 가장 북쪽에 위치하는 왓카나이(稚内)와 사할린의 오도마리(大泊, 러시아명 Korsakov) 사이를 잇는 항로에 배치되었다.

9) 広部妥(編),『鉄道連絡船のいた20世紀』, イカロス出版, 2004, pp.96-97.

10) 沢忠宏,『関門海峡渡船史』, 梓書院, 2004, p.174.

11) 日本国有鉄道広島鉄道管理局(編),『関釜連絡船史』p.18.

개설로 일본의 도쿄(東京)와 한반도의 경성(京城)을 하나의 수송로로 연결하여 대륙 침략의 통로인 일본의 산요선, 부관연락선 그리고 경부선으로 이어지는 경로가 구축되었다. 이러한 대륙 침략 계획의 연장선에 경의선과 동해선의 부설이 추진되었다.

이 시기 부관연락선을 이용하여 한반도로 건너오는 일본인들 대부분이 한국에 대한 일본의 무력 지배와 식민지적 불평등조약을 이용하여 권력과 부를 축척하려는 사람들이 많았다. 이들에게 부산은 대륙 침략의 교두보가 되었다. 그들은 대열을 지어 한반도 구석구석을 활보하고 토지를 값싸게 매수했으며 일본의 새로운 상품들을 팔아넘겼다. 그들 중 대다수가 한반도 사람들을 야만시하고 대한제국의 국가 질서와 법률을 무시하여 재한 일본 공사까지도 이를 한탄할 정도였다.[12]

이렇게 부관 정기 항로를 개설한 일본 정부는 1906년 3월에 철도국유법을 발포하여 주요 수송 수단인 철도와 항로를 국가의 직접 통제 아래에 두고 원활한 군수물자의 수송을 도모하였다. 따라서 부관연락선도 취항 이듬해에 국영으로 귀속되었다. 당시는 러일전쟁 종결 직후로 일본의 대륙 침략 의도가 노골적으로 드러나 날이 갈수록 대륙으로의 물동량이 나날이 증가한 시기였다. 항로의 국유화 직후인 1907년에는 부관연락선을 이용한 승객수송 규모가 112,000명에 이르렀다. 일본은 급증하는 수송 수요에 대응하기 위해 1907년 8월에는 에게산마루(會下山丸, 1,458톤)를, 그리고 1908년 4월에는 사쓰마마루(薩摩丸, 1,679톤)를 민간 선박회사로부터 차용하여 취항시키는 등 수송력을 증강시켰다.

12) 金贊汀,『関釜連絡船：海峡を渡った朝鮮人』pp.12-13.

## (2) 부산역의 개설과 부관연락선의 증편

같은 시기 초량역을 대신하여 부산역이 경부선의 기점이 되어 수송 업무를 시작함으로써 부두와 철도역과의 연결이 보다 원활하게 되었다.[13] 당시의 철도 관계 저널의 기사를 재인용하면서 부산역 개업에 따른 일본인의 동향을 소개하고자 한다. 아직 한국에 대한 강점이 이루어지지 않은 시점이었음에도 불구하고 부산에서는 일본인들이 마치 식민지 지배자와 같은 움직임을 보였음을 잘 알 수 있다.

> 경부선 부산역은 가건물로 (1908년) 4월 1일에 운수 영업을 개시했다. 처음 경부철도를 기공할 때 그 기점을 초량으로 했기 때문에 부산의 거류민(일본인)은 그 기점을 부산까지 연장해 줄 것을 희망했다. 원래 부산은 한국에서 일본인 거류자가 가장 많고 동아시아 교통무역상의 관문이었기 때문에 선박과 열차의 연락을 위해서도 철도는 당연히 여기에 기점을 두어야 한다는 의견이 많았다. 그런데 부산과 초량 사이는 단지 1마일(1.6킬로미터) 밖에 떨어져 있지 않았음에도 철도를 연결하는 데 난공사를 해야 했다. 산(爾來山)을 깎고 바다를 메워서 철도 연장 공사를 하여 부산역을 열게 되었다.
>
> 이에 따라 부산에서는 개업 당일 일본인 거류 민단과 상업회의소의 발기로 성대하게 개업 축하식을 거행했다. 당일 부산시내 일본인들의 기업들은 일제히 휴업에 들어갔으며 천막을 치고 초롱을 내걸었으며 일장기를 내걸고 부산역 개업을 축하했다. 여장을 하거나 남장을 하기도 했으며 많은 사람들이 호화로운 복장으로 거니는가 하면 연락선과 기차 등을 구경하기도 했다. 시내 곳곳에서는 무대가

13) 부산역이 개업하기 전에는 부관연락선 승객이 열차를 타기 위해서는 부두에서 1.6킬로미터 정도 떨어진 초량역까지 걸어가든지 인력거를 이용해야 했다. 부두 바로 가까이에 부산역이 탄생함으로써 시모노세키역과 사실상 연락선으로 연결되었다. 斎藤哲雄, 『下関駅物語』, 近代文芸社, 1995, p.124.

설치되고 연예 행사가 열리기도 하여 전 시내가 환희 분위기로 마치 광란의 밤과 같았다. 마침 이날부터 부관연락선이 격일간 출발이 가능하도록 증편되었고 부산과 신의주가 직통 열차로 연결되기도 하여 일본인들의 환영 분위기는 더했다. 한편 부산역 광장에는 축하회장이 마련되었으며 역원들은 축하회 준비에 분주했다. 오전 10시경 내빈들이 속속 모여들었으며 10시 30분을 기하여 경성행 급행열차가 발차하게 되자 모두가 만세를 부르며 이를 환송했다. 이어 축하회장에 다시 모여 식을 거행했다. 개회 선언에 이어 하자마(迫間) 상업회의소 총재가 개회사를 읽었다. 축사들이 이어진 후 성대한 축하연이 펼쳐지면서 부산의 연예인들이 볼거리를 제공했다. 임시로 만들어진 가게에서는 메밀국수와 꼬치안주 등 일본 음식을 만들어 팔았다. 이날 부산역 부근 철도역들이 부산행 승차 요금을 절반으로 인하했기 때문에 부산역을 방문하려는 승객들이 많아졌으며 특히 초량역 부근에서 부산역까지 열차에 시승하려는 사람들이 많았다.
또한 부산항에서는 모든 선박들이 손님들을 가득 채웠으며 수십 척의 소형 선박에는 일본인 청년들이 나누어 타고 노젓기 경주를 하기도 했다. 오후 6시 20분에 시모노세키를 출발하여 정시에 부산항으로 들어 온 에게산마루는 이미 와 있던 쓰시마마루와 부두를 마주 끼고 정박했다. 부두에 우뚝 서있는 대형 선박의 위용은 볼만한 풍경이었다. 밤이 되자 연락선 쓰시마마루가 전등을 밝히면서 축하 분위기를 고조시켰다. 이윽고 오후 8시 신의주행 야간 열차가 첫 운행을 시작했다. 시민들도 제등 행렬로 이를 환송했으며 바다와 육지에서 커다란 환성이 울려나왔다.[14)]

1911년 일본의 제국해사협회(帝國海事協會)가 국민의 헌금으로 건조한 우메가카마루(梅ヶ香丸, 3,272톤)와 사쿠라마루(櫻丸, 3,204톤) 등 쾌속선 두 선박을 에게산마루, 사쓰마마루를 대신하여 취항시켜 수송력의 증강을 도모했다. 1912년에는 도쿄의 신바시(新橋)와 시모노세키 사

14) 「鉄道時報」 1908. 4. 18.; 斎藤哲雄, 『下関駅物語』 pp. 124-127.

이에 1·2등 특별 급행 열차가 운행을 시작하고 비슷한 시기에 부산과 만주의 장춘(長春) 사이에 보통 급행열차가 운항을 시작하게 되자, 목·금·토요일에는 9시간 30분 만에 부산과 시모노세키를 연결하는 급행 선박을 증편하여 운항하였다.[15)]

그런데 1911년 9월 23일 우메가카마루가 일본의 간몬(關門) 해협에서 선창에 바닷물이 들어와 침몰하는 돌발사고가 발생하였다. 이 해의 연간 수송 인원은 20만 명을 초과하였고 취급하는 화물량도 126,000톤을 기록하여 새로운 선박의 대체 취항이 이루어지지 않으면 급증하는 물동량을 처리할 수 없었다. 따라서 일본은 1913년에 새로 고마마루(高麗丸, 3,029톤)와 시라기마루(新羅丸, 3,024톤)를 취항시켜 증가하는 물동량을 일단 소화시키고자 했다. 이 두 척의 선박은 각각 스크류를 2개씩 장비한 신예 선박으로, 하나의 기관이 만일 고장 나더라도 또 다른 하나의 기관으로 항해할 수 있어 만약의 위험에 대비할 수 있었다. 한편 연락선 안에는 무선국을 설치하여 육지의 기지와 통신이 가능하게 하여 돌발적 상황에 대비할 수 있게 했다.[16)]

또한 당시 부산항과 시모노세키항에는 접안 시설이 미비하여 대형 선박의 경우 접안할 수가 없어 본선에서 정박지까지 소형선을 이용하였으므로 승객의 승하선이 매우 불편하고 물동량의 수송에도 능률이 매우 떨어졌다. 따라서 일본은 그 방안으로 1913년에 부산항에 잔교를 설치하고 1914년에는 시모노세키 항에도 잔교를 건조하여 직접 연락선이 접안할 수 있도록 항만을 정비하였다.[17)]

15) 日本国有鉄道広島鉄道管理局(編),『関釜連絡船史』p.21.
16) 日本国有鉄道広島鉄道管理局(編),『関釜連絡船史』pp.21-24.
17) 佐久間宏,「関釜連絡船の今昔」p.184.

제1차 세계대전 후 대륙으로 수송할 물동량이 다시 급증하자 일본은 새로운 선박을 배치하는 대응책을 강구하여 1922년 5월에 게이후쿠마루(景福丸, 3,620톤), 11월에는 도쿠주마루(德壽丸, 3,620톤), 그리고 1923년 3월에는 쇼케이마루(昌慶丸, 3,620톤)의 3척을 동시에 부관 항로에 취항시켰다. 이 3척은 최고 시속이 20노트인 고속선으로 그 항행 시간을 종전의 11시간 30분에서 단번에 8시간으로 단축시켰다. 이때 취항한 세 척 가운데 게이후쿠마루는 부관연락선으로 취항하기 위해 고베(神戶)에서 시모노세키로 들어오면서 영국의 황태자를 태우고 미야지마(宮島)에 기항한 것으로 세간의 이목을 끌었다. 고마마루와 게이후쿠마루는 1923년 관동대지진 당시 구원단과 구호물자를 실고 빠른 속력으로 구호와 복구 활동을 지원하기도 했다. 한편 1925년에는 시라기마루에 무선전화가 설치되었고 1928년에는 쇼케이마루와 게이후쿠마루에도 각각 무선전화가 설치되어 항해와 이용의 편리함을 향상시켰다.[18]

### (3) 일본의 대륙 침략과 부관연락선의 종말

1932년 1월 상하이(上海)사건이 발발하자 부관연락선 시라기마루는 그 해 3월에 한 달 동안 일본 육군의 병원선으로 징용되어 상하이와 우지나(宇品) 사이를 항해했다. 그 해 일본은 만주국을 세워 중국 침략을 더욱 가속화 했으며 일본인의 만주 이주도 함께 급증하였다. 이 시기에 이르러 일제는 한반도를 대륙 침략의 병참기지화 하고 대륙 침략의 군수물자 생산을 강화하는 정책에 따라 조선인 강제징용과 물자 강제징발을 자행하여 부관연락선을 통한 인적·물적 수송량은 엄청나게 증가하게 되었

18) 日本国有鉄道広島鉄道管理局(編), 『関釜連絡船史』 pp.33-41.

다. 이에 일제는 초대형 선박을 부관 항로에 취항시켜 양국 간의 급증한 물동량을 소화시켜 나갔다. 한편 이 시기 일제에 의해 강제 징용된 한국인들에게 근·현대 한일 양국의 역사에서 아직도 해결되지 못한 앙금이 남아 있어, 미래지향적 양국관계를 위하여 역사적 사실을 냉정하게 수용하여 풀어야 하는 큰 과제가 남아 있다.

한편 대륙 침략을 본격화한 일제는 만주국을 건설하고 대규모의 물적·인적자원을 대륙으로 이동하면서 대륙 침략의 첫 교두보인 부산부를 대륙 침략을 원활히 수행하기 위한 방편으로 이 지역을 급속히 도시화하였다. 이러한 변칙적인 부산부의 도시화 과정은 향후 부산을 파행적으로 변모시키는 계기가 되었다고 할 수 있다. 결국 일제의 부산과 만주를 잇는 열차운행은 부산에 거류하는 일본인 사회에 인구 이동을 더욱 가속화하여 만주로 향하는 화물량이 대폭 늘어나, 부산항은 이동하는 사람과 물자로 포화 상태에 이를 정도였다. 1930년대 부산의 도시팽창은 일제가 대륙 침략의 근거지로 세운 만주국으로 이동하는 인적·물적 유동량과 결부되어 파행적 팽창이 가속화 되었다고 해도 과언이 아니다.[19)]

일본 열도에서 대륙으로의 수송 수요가 급격하게 늘어나자 일제는 부관 항로를 보완하는 보조 항로를 개설하여 1934년 4월 조선총독부 명령항로로 여수와 시모노세키를 잇는 항로를 지정했다. 이 항로에는 연락선 쇼후쿠마루(昌福丸, 2,600톤)와 게이운마루(慶運丸, 2,985톤)가 운행되었다. 1942년 6월에 시모노세키와 모지 사이에 해저터널이 개통되어 일본 본섬과 규슈가 열차로 이어지게 되면서 하카타(博多)와 부산을 잇는 항로가 본격 논의되어 이듬해 7월에 도쿠주마루와 쇼케이마루가 하카

19) 한석정, 「만주 지향과 종속성 : 1930~40년대 부산 일본거류민의 세계」, 『한국민족운동사연구』 48집, 2006.9., pp.258-261.

타와 부산 사이의 항로에 배치되어 운행을 개시했다. 여기에 부관 항로의 보조 항로로 울산과 야마구치(山口)현 북서부에 위치한 유야(油谷)를 잇는 항로가 모색되기도 하였으나 실현되지 못하였다.[20)]

한편 보조 항로의 증설로도 대륙으로의 수송 수요를 소화하지 못하자 부관연락선의 수송 능력 증강이 불가피해졌다. 대륙 침략 정책의 일환으로 새롭게 부관 항로에 등장한 연락선 선박이 소위 '현해탄의 여왕'이라 불린 곤고마루(金剛丸)와 고안마루(興安丸) 두 척이다. 이 두 선박의 규모는 곤고마루가 7,082톤, 고안마루가 7,080톤급으로 운항 속력은 두 선박 모두 시속 23.2노트, 승객 정원은 1,746명에 달하여 당시로서는 초대형 선박이었다. 이들의 취항은 곤고마루가 1936년 10월에, 고안마루가 1937년 1월에 각각 이루어졌다. 이 두 선박은 당시로는 해외 취항 선박으로서의 기능을 모두 갖춘 초대형 호화 선박으로 운항시간에서도 부산과 시모노세키 사이를 7시간으로 단축시켰다.

태평양전쟁에 돌입한 다음 해인 1942년 9월에 부관 항로에 또 하나의 새로운 연락선 한 척이 취항했다. 그것은 덴잔마루(天山丸, 7,907톤)로 승객 정원이 2,048명, 속력은 시속 23노트로 곤고마루나 고안마루와 같은 성능을 갖추고 있었다. 또 1943년에는 덴잔마루에 버금가는 곤론마루(崑崙丸)가 추가로 취항하여 일본과 대륙을 연결하는 수송력을 증가시켰다. 그러나 곤론마루는 취항한지 반년만인 1943년 10월에 미국 잠수함의 어뢰공격을 받아 침몰함으로써 583명의 승객과 승무원이 대한해협에서 수장되는 비극적인 종말을 맞았다. 이 참변은 부관 항로 사상 최악의 인명피해를 낸 사고로 기록되고 있다.[21)]

20) 木村健二, 「関釜連絡船이 수송사에서 차지하는 위치」 pp.174-178.

이 시기는 일본열도와 대륙과의 인적인 왕래가 최고조에 달했던 시기로 일제가 태평양전쟁에 모든 국력을 집중하고, 한반도에서도 강제징용과 징발을 자행하였으며 부관연락선의 수송량은 네 척의 여객선(곤고, 고안, 덴잔, 곤론)으로 하루에 편도 항로만으로 14,000명의 인원을 수송한 기록도 있다. 따라서 선박을 운항하는 횟수도 대폭 늘려 오전 6시에 입항하여 오전 10시 30분에 출항하거나, 오후 6시에 입항하여 오후 10시 30분에 출항하도록 하는 것을 원칙으로 조정하여 그 수송력을 극대화 하였으나, 그 수요를 소화하지 못하여 때로는 승객들이 승선 때까지 일주일을 기다려야 하는 경우도 있었다. 이러한 추세는 1942년 4월에 선박 운임을 상향 조정했음에도 불구하고 승선 인원은 줄어들지 않았다. 당시 운임 인상액은 1등석이 20엔, 2등석이 10엔, 3등석이 5엔이었고, 여기에 침대요금, 입욕요금, 식사대는 별도로 지불해야 했다.[22]

곤론마루의 조난 이래 부관연락선은 주간 항로를 중심으로 운행하여 안전을 확보하고자 했다. 하지만 이러한 조정에도 불구하고 전쟁 중의 부관 항로는 안전을 확보하기에는 휴항 외에는 특별한 대안이 근본적으로 불가능한 시기였다. 결국 1945년에 들어서 부관연락선의 피해가 더욱 늘어나 4월에 여객선 고안마루와 화물선 이키마루가 어뢰에 부딪혀 일부 파손되었고 5월에는 시라기마루가 어뢰를 맞아 침몰했다. 이어 곤고마루도 운행 중에 어뢰에 맞아 파손되는 사고를 만났다.[23]

21) 日本国有鉄道広島鉄道管理局(編), 『関釜連絡船史』 pp.96-102. 1960년 시모노세키의 日和山 公園 한편에 곤론마루의 조난자들을 위로하는 위령비가 건립되었다.

22) 沢忠宏, 『関門海峡渡船史』 p.176.

23) 1945년 한 해의 공습으로 피해를 입은 부관연락선은 다음과 같다. 4월 1일(興安丸) 蓋井島 북북동 2마일 지점에서 어뢰에 부딪혀 파손. 4월 5일(壱岐丸) 六連島 북북서 1,560미터 지점에서 어

이처럼 2개월 사이에 부관연락선 네 척이 어뢰 접촉사고를 만난 것은, 태평양전쟁의 격전 속에서 미국기가 투하한 어뢰에 의해 시모노세키 해협을 중심으로 일본 연안이 거의 봉쇄된 상태에서, 무리하게 전쟁을 수행하기 위해 인적·물적 자원의 수송을 강행함으로써 발생한 것으로 이미 예견된 사고였다고 할 수 있다. 따라서 부관연락선은 휴항하지 않을 수 없었고, 이 연락선들은 시모노세키를 떠나 하카타, 고구시(小串), 센자키(仙崎) 등의 항구에 분산되어 도피하여 정박하게 되었다. 그러나 7월에는 이들 항구에까지 미군의 공습이 확산되어 연락선은 도피에 도피를 거듭할 수밖에 없었다.[24]

6월 20일 일본 정부는 부관 항로의 모든 연락선을 안전한 항로로 옮길 것을 지시했다. 이에 따라 이키마루와 쓰시마마루가 나진과 니가타(新潟) 사이의 항로에 배치되어 식량 수송을 담당하고, 덴잔마루와 고안마루는 원산과 마이즈루(舞鶴) 사이의 항로에, 게이후쿠마루·도쿠주마루·쇼케이마루는 청진과 쓰루가(敦賀) 사이의 항로에 각각 배치되었다. 이로써 부산과 시모노세키 사이의 항로는 중단되었으며 사실상 식민지 시기의 부관연락선은 그 종말을 맞게 되었다.[25]

뢰에 부딪혀 항행 불능. 5월 25일(新羅丸) 門司 部崎 동쪽 1,800미터 지점에서 어뢰에 부딪혀 침몰. 5월 27일(金剛丸), 玄海島 동북쪽 1,500미터 지점에서 어뢰에 부딪혀 좌초. 7월 28일(元山丸) 壱岐島 근해에서 미군전투기 로켓 공격으로 침몰. 8월 13일(対馬丸) 청진 서쪽 항구에서 소련전투기 공격을 받아 침몰.
沢忠宏, 『関門海峡渡船史』 p.178.

24) 日本国有鉄道広島鉄道管理局(編), 『関釜連絡船史』 p.105.

25) 위의 책, p.106.

## 3. 부관연락선의 여객 수송 실적과 부산부의 일본인 인구 변동

### (1) 여객 수송 실적과 특징

다음 [표 1-1]의 통계를 통하여 1905년부터 1945년까지 대략 3천만 명의 승객이 부관연락선을 이용한 것을 알 수 있다. 부관연락선의 여객 수송량 통계를 보면 대체로 일제의 식민지 정책과 대륙 침략정책의 흐름을 이해할 수 있다. 이 표는 기본적으로 「철도시보」가 집계한 통계와 일본국유철도가 집계한 자료를 기본으로 하여 작성한 것이다.[26] 집계 주체에 따라 통계 수치가 조금씩 다르게 나타나는데, 여기서는 「철도시보」의 통계를 우선으로 하여 표를 작성했다. 또한 이 두 기관의 자료에서는 1944년과 1945년의 통계가 잡히지 않고 있는데, 이 경우에는 시모노세키 시사편수위원회가 1905년부터 패전까지의 전체적인 승객수송량 변화를 한 눈에 알 수 있도록 종합한 자료를 부분적으로 사용했다.[27] 다만 주의해야 할 것은 이들 자료에 나온 통계에는 추정치가 많이 제시되어 있다는 점이다. 따라서 정확한 인원 보다는 대략의 인원으로서 해석하는 것이 옳을 것이다.

비록 이 표에는 부분적으로 집계 통계가 없는 경우 수치가 기재되어 있지 않지만, 41년간에 걸친 승객 수송량 변화의 전체상을 나타내 주는 자료가 될 것이다. 이제까지 공개된 자료로서는 부관연락선의 여객 수송 실적에 대하여 이 정도의 통계 밖에 추출할 수가 없다. 따라서 파편적인

26) 斎藤哲雄, 『下関駅物語』, 近代文芸社, 1995, pp.365-366.
27) 下関市史編修委員会, 『下関市史(市制施行~終戦編)』, 下関市史編修委員会, 1983, p.450.

통계 자료를 조합한 한계가 있다고 하더라도 새로운 자료의 발굴과 연구 결과에 따라 통계표상 불명확하다고 비워진 공간을 보완하면서 메워가야 한다.

[표 1-1]을 작성하는 데 있어서도 1917년부터 1925년까지의 조선인 승객 수에 대해서 국유철도에 의한 통계가 없기 때문에, 이를 보완하기 위해 재일조선인의 일본 본토 도항과 귀환에 관한 모리타 요시오(森田芳夫)의 인구조사 통계 연구결과에서 부분적으로 인용했다.[28] 이 연구는 1934년에 조선총독부가 펴낸『고등경찰보(高等警察報)』제3호 자료에서 인용한 것이다. 이 자료는 부산항을 통과하여 일본에 건너가거나 한반도에 들어온 조선인에 관한 통계이기 때문에 부관 항로 이외의 항로를 통해 이동하거나 부관연락선 이외의 선박으로 이동한 승객을 포함하게 된다. 다만 이 시기에 부산항으로 출입국하면서 부관연락선을 이용하지 않은 사람은 미미한 숫자에 불과하다고 본다. 따라서 이때 이동한 조선인 승객 수를 전체 부관연락선 승객으로 보아도 무방할 것이라 판단된다.

또한 1936년부터 1940년까지의 조선인 승객 수에 대해서도 국유철도에 의한 통계가 없기 때문에, 이를 보완하기 위해『부산상업회의소월보』속의 월별 통계를 정리한 기무라 겐지의 연구에서 관련 통계를 부분적으로 재인용했다.[29] 이 연구도 당시 일본과 부산 사이의 선박 이동 승객에 관한 통계를 사용하고 있기 때문에 시모노세키 이외의 일본 항구에서 부산으로 들어오거나 부관연락선 이외의 선박으로 이동한 승객을 포함하게 된다.

28) 森田芳夫,『数字が語る在日韓国·朝鮮人の歴史』, 明石書店, 1996, p.72.

29) 木村健二,「関釜連絡船이 수송사에서 차지하는 위치」p.169.

[표 1-1] 부관연락선 인원 수송 실적(1905~1945)

| 연도 | 운항 횟수 | 시모노세키 → 부산 | | 부산 → 시모노세키 | | 합계 | |
|---|---|---|---|---|---|---|---|
| | | 승객 총수 | 조선인 승객 | 승객 총수 | 조선인 승객 | 승객 총수 | 조선인 승객 |
| 1905 | - | - | - | - | - | 39,956 | - |
| 1906 | - | - | - | - | - | 98,446 | - |
| 1907 | - | 55,019 | - | 56,077 | - | 111,096 | - |
| 1908 | - | 62,616 | - | 56,298 | - | 118,914 | - |
| 1909 | - | 63,618 | - | 56,718 | - | 120,336 | - |
| 1910 | 1,080 | 80,546 | - | 67,451 | - | 147,997 | - |
| 1911 | 1,250 | 93,785 | - | 81,185 | - | 174,970 | - |
| 1912 | 1,453 | 104,597 | - | 95,422 | - | 200,019 | - |
| 1913 | 1,476 | 109,611 | - | 103,029 | - | 212,640 | - |
| 1914 | 1,492 | 102,411 | - | 96,593 | - | 199,004 | - |
| 1915 | 1,446 | 102,320 | - | 97,011 | - | 199,331 | - |
| 1916 | 1,550 | 102,199 | - | 106,379 | - | 208,578 | - |
| 1917 | 1,649 | 134,250 | 3,927 | 149,510 | 14,012 | 283,760 | 17,939 |
| 1918 | 1,613 | 177,053 | 9,305 | 189,672 | 17,910 | 366,725 | 27,215 |
| 1919 | 1,580 | 216,164 | 12,739 | 214,413 | 20,968 | 430,577 | 33,707 |
| 1920 | 1,405 | 221,220 | 20,947 | 218,268 | 27,497 | 439,488 | 48,444 |
| 1921 | - | 227,030 | 25,536 | 238,148 | 38,118 | 465,178 | 63,654 |
| 1922 | - | 261,726 | 46,326 | 303,510 | 70,462 | 565,236 | 116,788 |
| 1923 | - | 293,548 | 89,745 | 283,725 | 97,395 | 577,273 | 187,140 |
| 1924 | - | 280,451 | 75,427 | 358,112 | 122,215 | 638,563 | 197,642 |
| 1925 | - | 300,437 | 112,471 | 299,036 | 131,273 | 599,473 | 243,744 |
| 1926 | - | 284,148 | 77,689 | 296,831 | 88,360 | 580,979 | 166,046 |
| 1927 | - | 315,730 | 81,025 | 372,609 | 156,554 | 688,339 | 237,579 |
| 1928 | - | 349,590 | 113,904 | 360,229 | 132,024 | 709,819 | 245,928 |
| 1929 | - | 347,438 | 94,907 | 382,522 | 142,785 | 729,960 | 237,692 |
| 1930 | - | 330,304 | 102,436 | 295,156 | 81,751 | 625,460 | 184,187 |
| 1931 | - | 290,202 | 73,317 | 300,017 | 98,928 | 590,219 | 172,245 |
| 1932 | - | 322,955 | 67,718 | 319,787 | 109,470 | 642,742 | 177,188 |
| 1933 | - | 360,427 | 81,407 | 382,953 | 146,146 | 743,382 | 227,553 |
| 1934 | - | 391,439 | 83,393 | 371,337 | 107,421 | 762,776 | 190,814 |
| 1935 | - | 427,569 | 79,756 | 392,692 | 83,911 | 820,261 | 163,667 |
| 1936 | - | - | 81,725 | - | 86,554 | 899,688 | 168,279 |
| 1937 | 1,858 | - | 89,874 | - | 94,289 | 1,029,201 | 184,163 |
| 1938 | 2,134 | - | 118,447 | - | 140,648 | 1,353,993 | 259,095 |
| 1939 | 2,626 | - | 156,792 | - | 271,204 | 1,793,059 | 427,996 |
| 1940 | 2,991 | - | 158,164 | - | 393,758 | 2,198,113 | 551,922 |
| 1941 | 2,738 | - | - | - | - | 2,200,845 | - |
| 1942 | 2,719 | - | - | - | - | 3,057,092 | - |
| 1943 | 1,998 | - | - | - | - | 2,748,798 | - |
| 1944 | - | - | - | - | - | 1,659,500 | - |
| 1945 | - | - | - | - | - | 499,512 | - |
| 합계 | - | - | - | - | - | 30,531,298 | - |

다만 이 시기는 시모노세키 이외에 부산과 연결된 보조 항로가 없었을 뿐더러 출입국 통계에 잡힐 만큼 공식적으로 운항한 선박도 연락선 이외에는 거의 없었을 것이다. 따라서 이때 이동한 조선인 승객 수를 전체 부관연락선 승객으로 보아도 무방하다고 판단된다. 또한 『부산상업회의소월보』 속의 월별 통계에서 누락된 부분에 대해서는 연구자가 임의로 「통년 추계」라고 하여 추정치를 제시하였기 때문에, 위에서 제시한 통계자료와 마찬가지로 대략의 인원으로 해석하는 것이 바람직하다.

이 통계표를 통해 어느 정도 일본 민간인과 군인들이 대륙으로 이동했는지를 파악할 수 있을 것이다. 우선 전반적인 변화의 움직임을 살펴보면, 부분적으로 약간 감소하는 때도 있지만 대체로 전 시기에 걸쳐 전체 승객수가 갈수록 지속적으로 증가하는 추세를 보이는 점을 알 수 있다.

통계표를 통해 나타나는 운항 실적에서 몇 가지 특징을 추출하자면 다음과 같다. 첫째는 이러한 지속적인 증가 추세가 1942년을 정점으로 하여 그 후 감소하게 되었다는 점이다. 이것은 2차 세계대전의 확대로 인하여 선박이 사고를 당하거나 항로의 안전이 위협을 당하면서 부관연락선의 운항에 차질이 생겼기 때문으로 해석할 수 있다.[30] 이는 부관연락선 운항회수가 1942년에 2,719편이었다가 1943년에 1,998편으로 대폭 줄어든 것을 통해서도 잘 알 수 있다.

둘째는, 승객의 증가 추이 가운데에서도 1910년대 말에 40만 명 대로 크게 늘어나는 것과, 1930년대 후반에 한 해 동안 30만 명 정도의 대폭적인 증가폭을 보이는 것에 주목할 만하다. 1910년대 말에 승객이 대량으로 증가하는 원인은 조선인보다는 일본인의 이동에서 찾을 수 있다. 조선인의 경우, 일본과 한반도 사이의 도항자 통계를 보면 1917년이 17,939명,

30) 日本国有鉄道広島鉄道管理局(編), 『関釜連絡船史』 p.66.

1918년 27,215명, 1919년에 33,707명으로 증가하고 있기는 하지만, 일본인 수에 비하면 절대수가 미미한 수준에 그치고 있기 때문이다.[31] 이러한 추세는 일본인의 대륙 침략이 활발해지는 것과 함께 한반도 혹은 중국 만주로 여행 혹은 이동하는 사람들이 많아졌기 때문일 것이다.

셋째는, 조선인 승객의 경우 매년 전반적으로 일본으로 도항하는 수가 일본에서 귀향하는 수보다 많다는 점을 특징으로 지적할 수 있다. 일본인 승객 수를 합한 승객 총수 면에서는 시모노세키 승선 승객이나 부산 승선 승객에 있어서 이렇다 할 비교 우위를 전반적으로 가리기 힘든 데 반하여 조선인 승객 수에 있어서는 분명히 부산에서 승선하는 승객 수가 시모노세키에서 승선한 승객 수를 앞지르고 있는 것이다. 이것은 관동대지진과 같은 역사적 사건이 있었음에도 불구하고 전 시기에 걸쳐서 재일조선인의 수가 증가한 것에서도 유추할 수 있다.

넷째는, 앞의 특징과는 달리 예외적으로 1930년은 특이하게 조선인 도항자(81,751명)에 비해 귀향자(102,436명) 쪽이 20,685명이 많았던 것으로 나타나고 있다는 점이다. 조선총독부 경무국 보안과의 자료를 보아도 1930년은 도항자(95,491명)에 비해 귀향자(107,771명)가 많았던 것으로 나타나 있어,[32] 단순히 자료 집계의 착오라고 보기는 어려울 것 같다. 그런데 내무성 자료에 의한 재일조선인의 인구조사 결과를 보면, 1930년에 총 298,091명으로 전년인 1929년의 275,206명에 비해 재일조선인의

31) 조선인 승객으로서도 일본에 도항하는 사람이 14,012명, 17,910명, 20,968명으로 완만하게 증가하는 데 비하여, 일본에서 귀향하는 사람은 3,927명, 9,305명, 12,739명으로 급격한 증가를 보이고 있다. 森田芳夫, 『在日朝鮮人処遇の推移と現状』, 法務研修所, 1955, p.5.

32) 森田芳夫, 『数字が語る在日韓国・朝鮮人の歴史』 p.72.

수가 22,885명 증가한 것으로 나타나 있다.[33)]

이렇듯 1930년 한 해에 도항자가 상대적으로 줄어든 가운데 일본 거주 조선인이 늘어난 것에 비추어 도항자가 감소한 이유를 단적으로 설명하기는 조심스럽다. 다만 이러한 우려를 불식하고 굳이 1930년 부산에서 일본으로 도항해 간 조선인이 급격히 감소한 구조적인 원인을 찾자면, 1929년 가을 미국에서의 주가 대폭락을 계기로 일본에까지 미친 세계적인 대공황으로 인해 대량 실업이 발생했던 것을 들 수 있지 않을까 싶다.[34)] 또한 상대적으로 한반도에서 조선총독부가 1920년대에 시작한 '산미증식계획'이 1930년에 들어 효과를 보기 시작한 것도 도항자 감소의 원인으로 지적되기도 하지만[35)] 단지 한 해만의 도항자 감소를 그 원인으로 해석하기에는 한계가 있다고 생각된다.

### (2) 부관 정기 항로 연락선의 규모와 운항 기간

다음 [표 1-2]와 [표 1-3]은 연락선의 규모와 운항 기간을 집계한 것으로, 시기에 따른 연락선의 변화 양상을 이해하기 위해 작성한 것이다. 이 표를 작성 시 히로시마 철도관리국이 편집한 자료를 주로 참고했다.[36)]

33) 앞의 책, p.71.

34) 歴史科学協議会(編),『史料日本近現代史II：大日本帝国の軌跡, 大正デモクラシー~敗戦』, 三省堂, 1985, pp.118-119.

35) '산미증식계획'의 효과적인 달성은 결과적으로 한반도에 소작지 비율을 높이고 일본으로의 쌀 반출량을 늘림으로써 조선인 영세 농민들을 더욱 빈곤하게 했다. 이것은 1931년부터 조선인의 일본 도항이 증가하는 요인 가운데 하나로 보인다.
金賛汀,『関釜連絡船：海峡を渡った朝鮮人』pp.92-93.

36) 日本国有鉄道広島鉄道管理局(編),『関釜連絡船史』p.161.

[표 1-2] 정기 항로 취항 연락선의 규모

| 선박명 | 용도 | 운항 기간 | 규모 | | | | | | |
|---|---|---|---|---|---|---|---|---|---|
| | | | 총 톤수(t) | 길이(m) | 승선 정원(명) | | | | 화물(t) |
| | | | | | 1등실 | 2등실 | 3등실 | 계 | |
| 壹岐丸 | 객선 | 1905.09 ~ 1931.05 | 1,680 | 79.4 | 18 | 64 | 255 | 337 | 300 |
| 對馬丸 | 객선 | 1905.11 ~ 1925.12 | 1,679 | 82.5 | 18 | 64 | 255 | 337 | 300 |
| 高麗丸 | 객화선 | 1913.01 ~ 1932.10 | 3,029 | 102.0 | 43 | 120 | 440 | 603 | 930 |
| 新羅丸 | 객화선 | 1913.04 ~ 1945.05 | 3,024 | 98.9 | 43 | 120 | 440 | 603 | 930 |
| 景福丸 | 객선 | 1922.05 ~ 1945.06 | 3,620 | 114.3 | 45 | 214 | 690 | 949 | 430 |
| 德壽丸 | 객선 | 1922.11 ~ 1945.06 | 3,620 | 114.3 | 45 | 210 | 690 | 945 | 430 |
| 昌慶丸 | 객선 | 1923.03 ~ 1945.06 | 3,620 | 114.3 | 45 | 210 | 690 | 945 | 430 |
| 金剛丸 | 객화선 | 1931.11 ~ 1945.05 | 7,082 | 134.1 | 46 | 316 | 1,384 | 1,746 | 3,170 |
| 興安丸 | 객화선 | 1937.01 ~ 1945.06 | 7,080 | 134.1 | 46 | 316 | 1,384 | 1,746 | 3,170 |
| 壹岐丸 | 화물선 | 1940.11 ~ 1945.06 | 3,519 | 103.8 | - | - | - | - | 4,617 |
| 對馬丸 | 화물선 | 1941.04 ~ 1945.06 | 3,516 | 103.8 | - | - | - | - | 4,617 |
| 天山丸 | 객화선 | 1942.09 ~ 1945.06 | 7,907 | 143.4 | 60 | 342 | 1,646 | 2,048 | 2,223 |
| 崑崙丸 | 객화선 | 1943.04 ~ 1943.10 | 7,908 | 143.4 | 60 | 344 | 1,646 | 2,050 | 2,223 |

다만, 원 자료에서는 운항 기간을 산정하는 데 있어서 해당 연락선이 부관 항로를 포함한 여타 항로에서 운항을 종료하는 시점을 기준으로 했으나, 여기서는 부관 항로에 국한하여 그 종결 시점을 명시했다. 또한 원 자료에서는 다키마루(多喜丸)와 같이 다른 항로에 있다가 일시적으로 부관 항로에 배속되어 운항한 선박도 포함하였으나, 이 표에서는 부관연락선 투입을 목적으로 건조되고 부관 항로에 취항한 선박만을 대상으로 했다.

[표 1-2]와 [표 1-3]에서 나타나는 특징으로 다음과 같은 사항을 지적할 수 있다. 첫째는, 연락선의 평균 운항 기간이 그다지 길지 않다는 점이다. 화물선을 포함하여 13척 연락선의 평균 운항 기간은 15년 정도다. 가장 오랜 기간 동안 부관 항로를 항해한 연락선은 32년간 운항한 시라기마루이며, 반면에 가장 짧은 기간 동안 항해한 것은 취항하자마자 6개월도 다 채우지 못하고 미군 잠수함이 발사한 어뢰를 맞아 침몰한 곤론마루다.

이처럼 비교적 평균 운항 기간이 짧은 것은 곤론마루와 같이 수명이 일찍 끝난 선박이 있어서이기도 하지만, 1930년대에 들어 뒤늦게 건조되어 정기 취항하기 시작한 연락선이 6척이나 되기 때문이기도 하다.

[표 1-3] 부관연락선 정기 항로 운항 기간

| 선박명<br>연도 | 壹岐丸 | 對島丸 | 高麗丸 | 新羅丸 | 景福丸 | 德壽丸 | 昌慶丸 | 金剛丸 | 興安丸 | 壹岐丸 | 對島丸 | 天山丸 | 崑崙丸 |
|---|---|---|---|---|---|---|---|---|---|---|---|---|---|
| 1905 | 9월 | 11월 | | | | | | | | | | | |
| 1906 | | | | | | | | | | | | | |
| 1907 | | | | | | | | | | | | | |
| 1908 | | | | | | | | | | | | | |
| 1909 | | | | | | | | | | | | | |
| 1910 | | | | | | | | | | | | | |
| 1911 | | | | | | | | | | | | | |
| 1912 | | | | | | | | | | | | | |
| 1913 | | | 1월 | 4월 | | | | | | | | | |
| 1914 | | | | | | | | | | | | | |
| 1915 | | | | | | | | | | | | | |
| 1916 | | | | | | | | | | | | | |
| 1917 | | | | | | | | | | | | | |
| 1918 | | | | | | | | | | | | | |
| 1919 | | | | | | | | | | | | | |
| 1920 | | | | | | | | | | | | | |
| 1921 | | | | | | | | | | | | | |
| 1922 | | | | | 5월 | 11월 | | | | | | | |
| 1923 | | | | | | | 3월 | | | | | | |
| 1924 | | | | | | | | | | | | | |
| 1925 | | 12월 | | | | | | | | | | | |
| 1926 | | | | | | | | | | | | | |
| 1927 | | | | | | | | | | | | | |
| 1928 | | | | | | | | | | | | | |
| 1929 | | | | | | | | | | | | | |
| 1930 | | | | | | | | | | | | | |
| 1931 | 5월 | | | | | | | 11월 | | | | | |
| 1932 | | | 10월 | | | | | | | | | | |
| 1933 | | | | | | | | | | | | | |
| 1934 | | | | | | | | | | | | | |
| 1935 | | | | | | | | | | | | | |
| 1936 | | | | | | | | | | | | | |
| 1937 | | | | | | | | | 1월 | | | | |
| 1938 | | | | | | | | | | | | | |
| 1939 | | | | | | | | | | | | | |
| 1940 | | | | | | | | | | 11월 | | | |
| 1941 | | | | | | | | | | | 4월 | | |
| 1942 | | | | | | | | | | | | 9월 | |
| 1943 | | | | | | | | | | | | | 4~10월 |
| 1944 | | | | | | | | | | | | | |
| 1945 | | | | 5월 | 6월 | 6월 | 6월 | 5월 | 6월 | 6월 | 6월 | 6월 | |

둘째는, 여객선의 경우 10년 단위로 그 규모가 대폭 증강되었다는 점이다. 총 톤수를 중심으로 그 변화를 비교해 보면 1900년대에 1,600톤이던 것이, 1910년대에 는 약 2배에 가까운 3,000톤으로 늘어나고, 1920년대에는 3,600톤 규모로 늘어났다. 그러나 그 규모는 1930년대에 이르러 7,000톤으로 대폭 증강되고, 1940년대에는 8,000톤에 가까운 규모로 늘어났다. 또한 승선 정원 면에서도 1900년대에 330명 내외에 불과하던 것이 1910년대에 600명 규모로 늘어나고, 1920년대에는 950명 정도로 늘어났다. 이러한 증가 추세는 1930년대에 이르면 1,700명 규모로 대폭 증강되고, 1940년대에는 2,000명을 넘기게 되었다. 이렇듯 1930년대에 부관 정기 항로 연락선의 수송력 규모의 대폭적인 증강은 일본의 대륙 침략이 활발해지는 상황에 기인한 것이라 할 수 있을 것이다. 이처럼 전반적인 수송력 규모의 확대는 부관 정기 항로의 수요를 소화시키기 위한 일제의 조치였음은 분명하나, 당시 일본의 선박 건조 기술이 뒷받침되었음은 간과할 수 없는 사실이다.

셋째는, 여객선 승선 정원에서 3등실 승선 정원의 증가폭이 다른 선실에 비해 비교적 크다는 점이다. 단순히 1900년대와 1940년대를 비교해 보아도 1등실은 승선 정원이 18명에서 60명으로 3.3배 늘어났고, 2등실은 승선 정원이 64명에서 344명으로 5.4배 늘어났다. 3등실의 경우 승선 정원이 255명에서 1,646명으로 6.5배나 늘어났다. 전체 승선 정원에서 차지하는 3등실 정원의 비율이 1900년대에는 75.7퍼센트에서 1940년대에는 80.3퍼센트로 늘어났으나 1등실의 비중은 1900년대 5.3퍼센트에서 1940년대 2.9퍼센트로 오히려 감소하였다. 이것은 부관연락선이 시대에 따라 서민 중심으로 변모하였음을 보여준다. 즉 3등실의 경우 승객이 정원을 초과해도 더 수용했던 것은 승선 수요의 과다한 증대에 탄력적으로 대응하기 위한 방책이었다고 해석할 수 있다. 이러한 선실 비중의 변화는 결과적으로 저렴한 승선 비용으로 일본을 왕래하던 대부분의 조선인 승객이나 경제적으로 열악한 여건의 일본인 승객을 대상으로 한 조치로, 사실상 이들의 승선 조건은 갈수록 열악해져 갔음을 짐작하게 한다.[37)]

### (3) 부산부 거주 일본인의 인구 변동과 부관연락선과의 상관관계

다음 [표 1-4]는 일제강점기 부산부(府)에 거주한 일본인의 인구 변동 상황을 나타낸 것이다. 이것은 『총독부통계연보』의 통계 자료를 분석 정리한 홍순권의 연구 결과를 주로 인용한 것이다.[38)] 여기에 1944년의 부산부 거주 일본인 수는 부산상공회의소가 1944년 12월 말에 집계한 통계를 채택했으며,[39)] 1945년의 일본인은 패전일 시점에 부산부에 거주했을 것으로 추정되는 수를 기입했다.[40)] 1914년에 지방행정단위 개편으로 종전의 부산부가 부산부와 동래군으로 양분됨에 따라 이 해 부산부의 전체

37) 이러한 3등실의 열악한 승선 조건이야말로 징용이 실시되기 이전인 1930년대 중반부터 "연락선은 지옥선"이라는 가요가 유행한 배경이 된 것으로 보인다.
金賛汀, 『関釜連絡船 : 海峡を渡った朝鮮人』, p.154.

38) 홍순권, 「일제시기 부산지역 일본인사회의 인구와 직업구조」, 부산경남사학회 · 일제시기 부산지역일본인사회연구팀 공동학술발표회, 『일제시기 부산지역 일본인사회 연구』, 동아대학교, 2003.11.29., p.3.

39) 최영호, 「해방직후 부산경남지역의 귀환자 원호체계와 원호활동」, 『한국민족운동사연구』 36집, 2003.9., pp.15-16.

40) 일본 패전 당시 경남도지사를 역임했던 信原聖은 부산에 8만 명 정도의 일본인이 거주했다고 회상했다.
信原聖, 「終戦以後の慶尚南道」, 『同和』 165号, 1961.9.1., p.4.

인구가 대폭 감소한 것으로 나타나지만, 일본인의 인구에는 별다른 변화가 없다. 그것은 당시 부산부 지역은 이미 개항기부터 일본인 전관 거류지를 중심으로 일본인이 거주한 곳으로, 1910년대 이후에도 이들의 근거지를 중심으로 1914년에 부산부의 행정구역이 재편되었기 때문이다. 이 해에는 부산부의 전체 인구 가운데 일본인이 차지하는 비율이 51.3퍼센트로 일제강점기 전체를 통틀어 가장 높은 비율을 보였다. 당시의 부산부는 오늘날 중구, 영도구, 동구, 서구, 남구의 일부가 해당한다.[41] 이것은 일제강점기 부산이 갖는 일본인 거주지로서의 성격을 극명하게 보여주는 사례라고 할 수 있다.

부산부 거주 일본인의 전체적인 인구 변동을 보면, 1910년에 23,900명이던 것이 이후 지속적으로 늘어나 1944년 말에는 71,824명으로 1910년에 비해 3배에 달하는 높은 증가를 보였다. 이것은 1910년부터 1944년까지 34년간에 걸쳐 연평균 8.8퍼센트의 증가율을 보인 것으로 해석할 수 있다. 이러한 증가율은 [표 1-4]에 나타난 바와 같이 같은 기간 부산부 총인구의 연평균 증가율 13.5퍼센트[42]와 비교해 볼 때, 또는 같은 기간에 한반도에 거주한 일본인 전체의 증가율 13.9퍼센트[43]와 비교해 볼 때, 그

41) 최해군, 『부산 7000년, 그 영욕의 발자취 2 : 개항부터 일제말까지』, 도서출판 地平, 1997, pp.160-161.

42) 1944년의 인구 328,294명을 1910년의 인구 71,353명으로 나누고 34년으로 다시 나눈 수치다.

43) 『조선총독부통계연보』 1910년 통계에 의하면 1910년의 한반도 거주 일본인이 총 171,543명이었다(홍순권, 「일제시기 부산지역 일본인사회의 인구와 직업구조」 p.4).
또한 부산상공회의소 조사 결과에 따르면 1944년 말 한반도 거주 일본인이 총 809,900명이라는 자료가 있다(丸山兵一, 「朝鮮に於ける日本人の引揚状況」, 加藤聖文(編), 『海外引揚関係史料集成(国外篇)』 第19券; 朝鮮篇二, 「終戦後朝鮮における日本人の状況および引揚」(二), 株式会社ゆまに書房, 2005, p.318).

다지 높은 증가율은 아니다. 그러나 대륙 침략 혹은 일본 도항의 거점으로서 부산이 가진 지리적 특성을 근거로 할 때 부산부 지역을 통과하거나 일시 체류한 일본인들이 많았던 점을 감안하면, 기록상의 거주자 증가율인 연평균 8.8퍼센트의 수치가 결코 낮은 것은 아니라고 하겠다. 또한 이러한 상황은 일제강점기 전반에 걸쳐서 부산부에 거류한 일본인들이 공식적 통계에서 파악된 거주 인구보다 훨씬 많았을 것으로 추정할 수 있다.

여기서 [표 1-4]의 부산부의 일본인 인구 변동과 [표 1-1]에서 나타난 부관연락선 승객 총수 변동과의 상관관계를 살펴보자. [표 1-1]에서 보는 바와 같이 부관연락선 승객 총수가 5만 명 이상으로 대폭 증가하는 해는 1917년부터 1919년까지, 1921년, 1924년, 1927년, 1933년, 1935년부터 1940년까지 그리고 1942년이다. 대체로 보면 1910년대 후반과 1930년대 중반과 후반에 걸쳐 승객이 급격하게 늘어난 것으로 해석할 수 있다. 한편 이 시기에 부산부 거주 일본인의 인구 변동을 보면, 1919년과 1920년 한 해 사이에 2,000명이 넘는 인구 증가를 보이고, 1935년과 1936년에는 각각 한 해에 3,000명이 넘는 인구 증가를 보이고 있다. 따라서 부관연락선 승객 수의 증가율과 부산부 거주 일본인 인구의 증가율이 일치하지는 않지만 어느 정도 상관관계를 가지는 것으로 볼 수 있다.

[표 1-4]에서 주목할 만한 것으로 1936년 한 해에 일본인 인구 가운데 여성이 2,500명에 가까운 증가를 보이는 점을 지적할 수 있다. 같은 해 일본인 남성은 23명밖에 증가하지 않은 것으로 나타난 것에 비하면 놀라운 수치가 아닐 수 없다. 이와 함께 1936년 한 해의 가족 수, 즉 호수(戶數)에 있어서도 884 가족이 늘어난 것으로 일제강점기 전체 시기에서 가장 많

따라서 1910년부터 1944년까지 한반도 거주 일본인 전체의 증가율은 472.1%이며, 연평균 증가율은 13.9%라고 할 수 있다.

[표 1-4] 부산부 거주 일본인의 인구 변동 상황(1910~1944)

| 연도 | 총인구(A) | 일본인 호구수 | | | | C/A | C/B | E/D |
|---|---|---|---|---|---|---|---|---|
| | | 호수(B) | 인구수(C) | 남(D) | 여(E) | | | |
| 1910 | 71,353 | 6,171 | 23,900 | 12,539 | 11,361 | 33.5 | 3.9 | 90.6 |
| 1911 | 99,833 | 6,528 | 24,794 | 12,886 | 11,908 | 24.8 | 3.8 | 92.4 |
| 1912 | 103,737 | 6,826 | 26,586 | 13,570 | 13,016 | 25.6 | 3.9 | 95.9 |
| 1913 | 111,356 | 6,956 | 27,610 | 14,202 | 13,408 | 24.8 | 4.0 | 94.4 |
| 1914 | 55,094 | 7,115 | 28,254 | 14,479 | 13,775 | 51.3 | 4.0 | 95.1 |
| 1915 | 60,804 | 7,369 | 29,890 | 15,355 | 14,535 | 49.2 | 4.1 | 94.6 |
| 1916 | 61,047 | 6,869 | 28,012 | 14,363 | 13,649 | 45.9 | 4.1 | 95.0 |
| 1917 | 61,506 | 7,177 | 27,726 | 14,126 | 13,600 | 45.1 | 3.9 | 96.3 |
| 1918 | 62,567 | 6,993 | 27,895 | 14,151 | 13,744 | 43.9 | 4.0 | 97.1 |
| 1919 | 74,138 | 7,575 | 30,499 | 15,480 | 15,019 | 41.1 | 4.0 | 97.0 |
| 1920 | 73,885 | 7,689 | 33,085 | 17,023 | 16,062 | 44.8 | 4.3 | 94.4 |
| 1921 | 76,126 | 7,897 | 33,979 | 17,496 | 16,483 | 44.7 | 4.3 | 94.2 |
| 1922 | 78,161 | 8,111 | 34,915 | 17,993 | 16,922 | 44.7 | 4.3 | 94.1 |
| 1923 | 79,552 | 8,281 | 35,360 | 18,221 | 17,139 | 44.5 | 4.3 | 94.1 |
| 1924 | 82,393 | 8,902 | 35,926 | 18,477 | 17,449 | 43.6 | 4.0 | 94.4 |
| 1925 | 103,522 | 9,364 | 39,756 | 20,105 | 19,651 | 38.4 | 4.3 | 97.7 |
| 1926 | 106,323 | 9,584 | 40,803 | 20,674 | 20,129 | 38.4 | 4.3 | 97.4 |
| 1927 | 113,092 | 9,533 | 41,144 | 20,892 | 20,252 | 36.4 | 4.3 | 96.9 |
| 1928 | 116,207 | 9,822 | 42,246 | 21,460 | 20,786 | 36.4 | 4.3 | 96.9 |
| 1929 | 119,655 | 9,931 | 42,642 | 21,670 | 20,972 | 35.6 | 4.3 | 96.8 |
| 1930 | 130,397 | 10,347 | 44,273 | 22,269 | 22,004 | 34.0 | 4.3 | 98.8 |
| 1931 | 139,538 | 10,836 | 45,502 | 22,815 | 22,687 | 32.6 | 4.2 | 99.4 |
| 1932 | 148,156 | 11,531 | 47,836 | 24,171 | 23,665 | 32.3 | 4.2 | 97.9 |
| 1933 | 156,429 | 12,358 | 51,031 | 26,152 | 24,879 | 32.6 | 4.1 | 95.1 |
| 1934 | 163,814 | 12,699 | 53,338 | 27,617 | 25,721 | 32.6 | 4.2 | 93.1 |
| 1935 | 202,068 | 13,142 | 56,512 | 29,548 | 26,964 | 31.4 | 4.3 | 91.3 |
| 1936 | 206,386 | 14,026 | 59,014 | 29,571 | 29,443 | 28.6 | 4.2 | 99.6 |
| 1937 | 213,142 | 14,048 | 59,231 | 29,665 | 29,566 | 27.8 | 4.2 | 99.7 |
| 1938 | 213,744 | 13,352 | 55,767 | 27,174 | 28,593 | 26.1 | 4.2 | 105.2 |
| 1939 | 222,690 | 12,060 | 51,802 | 25,046 | 26,756 | 23.3 | 4.3 | 106.8 |
| 1940 | 240,033 | 12,464 | 54,266 | 26,591 | 27,675 | 22.6 | 4.4 | 104.1 |
| 1941 | 281,160 | 12,787 | 57,688 | 27,910 | 29,778 | 20.5 | 4.5 | 106.7 |
| 1942 | 334,318 | 14,064 | 61,436 | 29,558 | 31,878 | 18.4 | 4.4 | 107.9 |
| 1943 | 325,312 | - | - | - | - | - | - | - |
| 1944 | 328,294 | - | 71,824 | - | - | - | - | - |
| 1945 | - | - | 80,000 | - | - | - | - | - |

은 증가수를 보인다. 여성의 증가와 호수의 증가는 밀접한 상관관계를 갖는 것으로 생각된다. 이러한 일본인 여성 수의 증가와 일본인 가족 수의 증가는 1936년 한 해에 부관연락선 승객 총수가 8만 명이나 증가했던 것과 무관하지 않은 것으로 추측할 수 있다. 이러한 인구의 증가는 1936년 4월에 부산부의 행정구역이 동래군의 서면과 사하면의 암남리를 편입하여 부산부의 면적을 확장한 것과도 무관하지 않다고 하겠다.

## 4. 나오며

이상에서 부관연락선의 역사와 운항 결과를 부산부의 일본인 거주자 상황과 비교하여 개략적으로 살펴보았다. 부산항과 시모노세키항을 연결하는 연락선 항로는 1905년 9월에 개통되어 1945년 6월에 폐쇄되었으며 40년간에 걸쳐 3천만 명 이상의 승객이 이 연락선을 이용했다. 이러한 부관연락선의 40년 역사 속에는 일제의 한반도 강점과 대륙 침략의 한 단면이 상징적으로 나타나 있음을 알 수 있다. 즉 대륙 침략을 실현하려는 일제와 인본인들, 강제징용과 징발의 대상이 된 조선인과 물자, 도항하여 일본에 거류하려는 일부 조선인 등이 이 항로의 연락선을 이용하였다. 특히 일제가 대륙 침략을 노골화한 이후에는 부관 항로를 운항한 정기 취항선의 수송력이 급속하게 증강되는 추세를 보였고, 이러한 증가 추세는 1942년을 정점으로 그 후 감소하게 된다.

특히 승객의 증가 추세 가운데에서도 1910년대 말에 40만 명 규모로 크게 늘어난 것과, 1930년대 후반에 한 해에 30만 명 정도의 대폭적인 증가폭을 보이는 것이 주목할 만하다. 또한 조선인 승객의 동향에 있어서 1930년만 제외하고는 전 시기에 걸쳐 매년 일본으로 도항하는 수가 일본에서 귀향하는 수보다 많다는 점을 특징으로 지적할 수 있다.

한편 일제강점기 부산부의 일본인 인구 증가 추세를 보면 연평균 8.8퍼센트의 증가율을 보인다. 이러한 추이는 같은 기간 부산부 총 인구의 연평균 증가율 13.5퍼센트, 한반도 거주 일본인 전체의 증가율 13.9퍼센트에 비하면 그다지 높은 추세는 아니지만 대륙 진출 혹은 일본 도항의 거점으로서 부산이 가지는 지리적 특성을 상정할 때 부산을 통과하거나 일시 체류하는 일본인들이 많았던 점을 감안하면, 일제강점기 전반에 걸쳐서 부산에 거류하는 일본인들이 통계상의 거주 인구보다 훨씬 많았을 것으로 추정할 수 있다.

한편 이 글에서 부관연락선 여객 수송 실적과 운항 규모를 정리하여 통계자료를 작성하고 그 통계 내용 가운데서 각각의 특징을 몇 가지 추출하고자 한 것은 나름대로의 특성 내지 성과라고 할 수 있다. 부관연락선 승객의 변동 상황과 부산부 거주 일본인 인구 변동과의 상관관계를 추출하여 일부 결과를 제시하기는 했으나, 일본인 거주자의 직업과 부산부 내에서의 분포현황 등 미시적 분석을 통한 연구가 이루어져 좀 더 실체에 접근하는 연구가 이루어지지 못한 한계를 가지고 있어 미흡한 감을 떨칠 수가 없다.

글을 맺으면서 일본 패전 이후 부관연락선 선박의 행방을 간단히 정리하고자 한다.[44] 전쟁 종결 때까지 피해를 입지 않고 시모노세키 항구를 떠나 분산 소개(疏開)하던 부관연락선 선박 네척 가운데, 게이후쿠마루와 화물선 이키마루는 패전 직후 아오모리(青森)와 하코다테(函館) 사이

44) 沢忠宏,『関門海峡渡船史』pp.178-179.

의 항로로 이전 배치되었다. 나머지 선박 고안마루와 도쿠주마루는 귀환자들을 위한 선박이 되어 일본인과 조선인 귀환자들을 수송했다. 두 선박은 귀환선의 임무를 마치고 1947년 1월에 시모노세키항으로 돌아왔다. 고안마루는 그 후에도 간헐적으로 부산항에 입항한 일이 있으며, 도쿠주마루는 또 다시 귀환자 수송선으로 사할린에 배치되어 1947년 7월부터 1949년 8월까지 취항했다.

한편 '조선우선(朝鮮郵船)' 회사는 패전 이후 일본 정부에 대해 과거 한반도에 남기고 온 선박에 대한 보상을 요구하여, 일본 정부는 1950년 3월 부관연락선으로 사용한 일이 있는 고안마루, 이키마루, 우지나마루(宇品丸) 등 세 척을 그 회사에 인계했다. 곤고마루와 도쿠주마루, 쇼케이마루는 1950년 6월 한국전쟁의 발발과 함께 미군에게 징발되어 군용 수송선으로 사용되기도 했다. 1951년 10월 13일 부산항을 출항한 곤고마루는 태풍을 만나 좌초됨으로써 '현해탄의 여왕'으로서의 일생을 마감했다. 1961년 6월 도쿠주마루는 미쓰비시(三菱)상사에 매각 처분됨으로서 부관연락선으로 활약했던 선박은 완전히 그 모습을 감추게 되었다.

1965년에 한일 간 외교관계가 정상화된 이후 부산시와 시모노세키시 사이에 부관 항로의 재개 움직임이 추진되었다. 그 결과 1970년 6월에 '간푸(關釜)페리'가 운항을 시작했으며, 1983년 5월에는 '부관페리'가 운항을 시작했다. 이 선박들은 기존의 부관 항로를 이용하고는 있지만, 일제강점기의 부관연락선과는 달리 민간회사가 주체가 되고 부산과 시모노세키에 각각 회사 법인을 설립하여 공동으로 경영하고 운항하는 방식을 취하고 있다.[45)]

끝으로 일본과 한반도를 연결하는 항로로서 부관 항로 외에 다른 항

45) 沢忠宏,『関門海峡渡船史』p.251.

로가 있었다는 것을 간과해서는 안 된다는 점을 부연하고 싶다. 조선총독부 경무국이 1933년 8월 한 달 동안 한반도 각 항구에서 일본으로 출입한 인원을 조사한 결과에 따르면, 부산항(9,600명) 이외에 제주도(1,526명), 여수(1,129명), 목포(185명), 완도(63명), 진도(41명), 인천(22명), 진남포(21명), 청진(16명), 후포(15명), 군산(7명), 웅기(6명), 원산(5명), 정라(5명), 주문진(3명), 안목(3명), 용당포(1명), 성진(1명), 임원진(1명), 묵호(1명), 울릉도(1명) 등이 있었다고 한다.[46) 다만 이처럼 다양한 항구 가운데에서 부산항의 이용률이 월등히 높았음을 알 수 있다.[47) 일제강점기에 한반도와 일본 사이의 인구 이동에 있어서 부산항이 가장 중요한 역할을 담당했으며 이와 함께 부관연락선이 가장 중요한 이동 수단이 되었음은 재론의 여지가 없다.

ㅁ 이 글은 『한일민족문제연구』 11집(2006.12.)에 게재한 논문을 수정 · 보완한 것임.

**참고문헌**

木村健二, 「関釜連絡船이 수송사에서 차지하는 위치」, 『한국민족문화』 28집, 2006.10.

부산경남사학회 · 일제시기 부산지역일본인사회연구팀 공동학술발표회, 『일제시기 부산지역 일본인사회 연구』, 동아대학교, 2003.11.29.

최영호, 「해방 직후 부산경남지역의 귀환자 원호 체계와 원호 활동」, 『한국민족운동

46) 森田芳夫, 『数字が語る在日韓国 · 朝鮮人の歴史』 p.73.

47) 조선총독부 자료에 의하면 1933년 한 해 동안 한반도에서 일본으로 도항한 인원이 총 153,299명인데 그 가운데 부산항을 통과한 인원이 136,029명으로 전체의 88.7%를 차지하고 있다. 또한 이 해 일본에서 한반도로 입항한 인원이 총 89,120명인데, 이 가운데 부산항 이용자가 79,280명으로 전체의 89.0%를 차지했다. 森田芳夫, 『数字が語る在日韓国 · 朝鮮人の歴史』 p.72.

사연구』 36집, 2003.9.
최해군, 『부산 7000년, 그 영욕의 발자취 2 : 개항부터 일제말까지』, 도서출판 地平, 1997.
한석정, 「만주 지향과 종속성 : 1930~40년대 부산 일본거류민의 세계」, 『한국민족운동사연구』 48집, 2006.9.
홍순권, 「일제시기 부산지역 일본인사회의 인구와 직업구조」, 부산경남사학회 · 일제시기 부산지역일본인사회연구팀 공동학술발표회, 『일제시기 부산지역 일본인사회 연구』, 동아대학교, 2003.11.29.
加藤聖文(編), 『海外引揚関係史料集成(国外篇)』 第19券, 朝鮮篇(二), 「終戦後朝鮮における日本人の状況および引揚」(二), 株式会社ゆまに書房, 2005.
金賛汀, 『関釜連絡船 : 海峡を渡った朝鮮人』, 朝日新聞社, 1988.
斎藤哲雄, 『下関駅物語』, 近代文芸社, 1995.
坂本悠一·木村健二, 『近代植民地都市釜山』, 桜井書店, 2007.
佐久間宏, 「関釜連絡船の今昔」, 『季刊三千里』 13号, 1978.2.
沢忠宏, 『関門海峡渡船史』, 梓書院, 2004.
下関市史編修委員会, 『下関市史(市制施行~終戦編)』, 下関市史編修委員会, 1983.
渋沢栄一伝記資料刊行会, 『渋沢栄一伝記資料』 第十六巻, 渋沢栄一伝記資料刊行会, 1957.
日本国有鉄道広島鉄道管理局(編), 『関釜連絡船史』, 大村印刷株式会社印刷, 1979.
信原聖, 「終戦以後の慶尚南道」, 『同和』 165号, 1961.9.1.
広部妥(編), 『鉄道連絡船のいた20世紀』, イカロス出版, 2004.
丸山兵一, 「朝鮮に於ける日本人の引揚状況」, 加藤聖文(編), 『海外引揚関係史料集成』(国外篇) 第19券, 朝鮮篇 二, 「終戦後朝鮮における日本人の状況および引揚」(二), 株式会社ゆまに書房, 2005.
森田芳夫, 『在日朝鮮人処遇の推移と現状』, 法務研修所, 1955.
森田芳夫, 『数字が語る在日韓国·朝鮮人の歴史』, 明石書店, 1996.
歴史科学協議会(編), 『史料日本近現代史II : 大日本帝国の軌跡, 大正デモクラシー~敗戦』, 三省堂, 1985.

# 2장 개항기 부산에서 본 일본의 조선 인식

박진우

일제 강점기 부산역 전경
출처: 부산박물관, 『부산의 역사와 문화』

## 1. 들어가며

근대 한일관계에서 부산과 시모노세키(下關)를 잇는 부관연락선을 통해서 민족 이동의 양상과 그 실태를 살피는 것은 근대국민국가 형성기에 경계를 왕래하는 민족의 이동이 상호 인식에 어떤 영향을 미치는 것이었는가를 이해하는 데도 도움이 될 것이다. 그러나 근대 한일 간의 민족 이동은 부관연락선의 취항으로 시작된 것은 아니었다. 부관연락선의 운항이 시작되는 것은 1905년부터지만, 1876년 강화도조약으로 부산이 가장 먼저 개항한 이래 반도 조선을 '신천지'로 꿈꾸고 건너오는 일본인의 수는 매년 증가하고 있었다. 따라서 개항기 부산으로 건너오는 일본인의 계층과 부류를 분석하고 그들의 거류지에서의 언행을 구체적으로 살피는 것은 근대 일본의 조선 인식에 대한 실태의 단면을 이해하는 데도 도움이 될 뿐만 아니라, 일본 식민지화 과정의 사상사적인 특징을 이해하는 데도 중요한 의미가 있을 것이다.

물론 근대 일본의 조선 인식에 관한 연구가 지금까지 없었던 것은 아니다. 선구적으로는 하타다 다케시(旗田巍), 강덕상(姜德相), 나카쓰카 아키라(中塚明) 등의 연구가 있다. 그들은 주로 일본 지배층과 지식인의 조선에 대한 멸시관이 이미 19세기 전반부터 형성되고 있었으며, 강화도 조약 이후 임오군란, 갑신정변, 갑오농민운동과 청일·러일전쟁을 거치면서 조선에 대한 멸시관과 우월감이 일반 민중들 사이에 광범위하게 확산되어 갔다는 점을 지적해 왔다.[1] 그러나 일본 민중들이 조선을 어떻게 인식했는가에 대해서는 대부분의 경우 추상론에 그치고 있으며, 그 구체적인 실태를 논한 것은 아니었다. 한편 개항 이후의 부산이나 인천과 같은 특정 지역에 초점을 맞춘 연구나, 거류 일본인의 직업과 같은 특정 분야나 주제에 대한 세부적인 연구,[2] 그리고 특히 메이지 시대에서 식민지 시대에 걸쳐 조선으로 건너 온 일본인에 관한 연구[3] 등은 재일조선인 문

1) 旗田巍,『日本人の朝鮮観』, 勁草書房, 1960; 姜德相,「日本の朝鮮支配と民衆意識」,『歴史学研究』, 青木書店, 1983.11.; 中塚明,『近代日本の朝鮮認識』, 研文出版, 1993 등 참조.

2) 内藤正中,『山陰の日朝関係史』, 報光社, 1993; 中村均,『韓国巨門島のにっぽん村』, 中公新書, 1992; 橋谷弘,「釜山·仁川の形成」,『近代日本と植民地 3』, 岩波書店, 1993.
한국의 연구로는 김의환,『부산 근대도시 형성사 연구』, 연문출판, 1973; 김병하,「개항기의 거류일본인과 그 직업」,『경희대학교논문집』, 1972; 손정목,「개항기 한국거류 일본인의 직업과 매매춘·고리대금업」,『한국학보』 1980년 겨울호; 부산경제사편찬위원회,『부산경제사』, 부산상공회의소, 1989; 손정목,『일제강점기 도시사회상연구』, 일지사, 1996; 최원규,「근대식민지 도시 부산의 발전」,『부산의 역사와 문화』, 부산대한국민족문화연구소, 1998 등.

3) 木村健二,「明治期の日本居留民団」,『季刊三千里』 1986.冬; 木村健二,『在朝日本人の社会史』, 未来社, 1989; 다카사키 소지 지음, 이규수 옮김,『식민지 조선의 일본인들』, 역사비평사, 2006.

제와 표리일체의 관계에서 재조일본인의 전체상을 그려내어 많은 시사를 주고 있다. 그러나 이러한 연구의 진전에도 불구하고, 개항장 부산을 통해서 민족 이동의 실태와 그 양상이 상호인식에 어떤 영향을 미치고 있었는가에 대한 구체적인 연구는 여전히 뒤떨어진 것으로 보인다. 따라서 여기서는 재조일본인에 대한 선행 연구의 연장선상에서, 근대 일본의 조선 인식이 구체적으로 어떻게 형성되어 가는가를 개항장 부산으로 들어오는 일본인들을 중심으로 살펴보고자 한다. 대상 시기는 주로 개항기부터 1910년의 한국 병합까지로 한다.

덧붙여 말하자면 부산은 지리적으로 일본과 가장 가까운 거리에 위치하고 있으면서 근세에는 일본과의 유일한 교류와 교역의 창구였으며, 근대 한일관계에서는 이미 식민지 지배에 앞서 일본인이 들어오는 첨단적인 입구였다. 청일전쟁 당시 육군대신 야마가타 아리토모(山県有朋)가 「조선 정책 상주」(1894年11月)에서 "가장 긴급한 것은 부산에서 경성을 거쳐 의주까지 철도를 부설하는 일이며, 또 한 가지는 평양 이북에서 의주에 이르기까지의 중요한 지점에 일본인을 이식하는 일이다"[4]라고 한 점에서도 알 수 있듯이, 부산은 일본제국과 대륙을 잇는 접점이며 또한 대륙 침략을 위한 철도 부설의 출발점이기도 했다. 여기서는 이러한 부산의 지리적, 역사적 특징을 염두에 두고 개항장 부산에서의 일본인의 경제활동과 언행을 통해서 근대 일본의 조선 인식이 어떻게 형성되어 가는지 살펴보기로 한다.

4) 大山梓(編), 『山県有朋意見書』, 原書房, 1966, p.224.

## 2. 근대 일본의 조선 인식

근대 일본의 조선 인식에 관한 문제를 생각하기에 앞서 먼저 에도 시대의 조선관은 어떤 형태로 존재하고 있었는지 살펴볼 필요가 있다. 1980년대에는 '미래 지향적인 한일관계'라는 정치적 의도를 배경으로 에도 시대 한일관계의 평화적 · 우호적인 관계를 강조하는 경향이 있었다. 조선통신사에 대한 재조명이 시도되고, 근세 일본의 유학자이자 조선과의 외교관계에서 신의를 가지고 통역에 임했던 아메노모리 호슈(雨森芳州)가 한때 인기를 얻었던 것도 이 때문이었다. 그러나 이런 측면에만 주목하면 우호적이었던 양국의 관계가 19세기 후반 이후 어떻게 해서 침략으로 전환되었는지를 이해하기 어렵다. 따라서 이런 변화를 이해하기 위해서는 근세부터 우호적인 한일관계의 이면에는 쌍방 간에 대항적인 우월감이 잠재하고 있었다는 점에도 주목할 필요가 있을 것이다.[5)]

근세 조선의 일본에 대한 우월감의 배경에는 다분히 유교적인 명분론이 있었지만, 일본의 경우는 다르다. 근세 일본의 조선에 대한 우월감의 배경에는 '문'보다 '무'를 우위에 두는 인식이 있었으며, 고대 일본신화에 나오는 진구황후(神功皇后)의 '삼한 정벌'과 도요토미 히데요시(豊臣秀吉)의 '조선 정벌'이라는 역사적 사실은 그러한 우월감에 확신적인 근거를 제공하고 있었다.[6)] 에도 시대 지식인들이 남긴 문헌을 보면 거의 예외 없이 '삼한 정벌'과 '조선 정벌'을 근거로 조선에 대한 우월감을 나타내고 있었다. 물론 이러한 우월감은 실제로서의 일본의 우위를 방증해 주는

5) 荒野泰典, 『近世日本と東アジア』, 東京大学出版会, 1988; 池内敏, 「近世後期における対外観と'国民'」, 『日本史研究』 344号, 1991.4.

6) 박진우, 「근대천황상과 조선멸시관의 형성」, 『계명사학』 5집, 1994.11.

것이 아니라 대등한 관계 속에서의 대항적 이데올로기의 성격이 강한 것이었다. 18세기 후반부터 19세기 초에 걸쳐서 대외적인 위기가 심화되는 과정에서도 '삼한 정벌'과 '조선 정벌'이 그 중요한 논거로 제시되고 있었으나, 여기서 주목되는 것은 보다 구체적인 조선복속화의 논리로 발전하고 있다는 점이다. 예를 들면 하야시 시헤이(林子平)는 『삼국통람도설(三國通覽圖說)』에서 특히 조선에 대해서는 "진구황후 정벌 이래 조선은 대대로 본조에 조공을 헌상"했다거나, 또는 "진무천황이 최초로 통일의 업을 세운 후 삼한을 복속시키고 히데요시가 조선을 토벌하여 오늘에 이르기까지 본조에 복종해 온 것은 모두가 무덕(武德)이 빛나는 바이다"[7] 라고 하여 조선의 복속화를 주장했으며, 메이지유신의 정신적 지주로 알려진 요시다 쇼인(吉田松陰)이 서구열강과의 교섭에서 입은 손실을 조선을 비롯한 근린 약소국으로부터 취하여 보완해야 한다고 주장한 것은 잘 알려진 사실이다.[8]

그러나 이러한 근세 후기의 조선관이 당시 일본의 민중들에게도 널리 공유되고 있었는가에 대해서는 좀 더 신중하게 생각하지 않으면 안 된다. 왜냐하면 근세의 내셔널리즘과 근대의 내셔널리즘을 같은 차원에서 논하기는 어려운 것이며, 또한 근세 일본은 에도 막부의 전제적인 정치지배하에서 정치 논쟁의 전개와 대외적인 정세나 정보의 공적인 유통이 엄격하게 금지되고 있었기 때문이다. 1849년 중국의 아편전쟁을 주제로 한 『해외신화(海外新話)』가 발행금지 처분되고 저자가 엄벌을 받은 것[9]은 에도 막부의 이러한 방침이 기본적으로 막부 말기까지 일관되고 있었다

7) 『林子平全集』 1巻, p.388.

8) 『吉田松陰全集』 3巻, 岩波書店, p.38.

9) 宮地正人, 「風説留からみた幕末社会の特質」, 『思想』 831号, 1993, p.14.

는 것을 말해주고 있다. 단지 막부의 엄격한 통제에도 불구하고 지역의 호농·호상층과 '재야지식인'을 중심으로 막부 말기의 대외사정을 비롯한 정치 정보가 유통되고 있었던 점[10]과 특히 1850년대를 전후해서 진구황후와 히데요시의 업적을 높이 평가하는 야사가 속출하고 있었던 점[11]에도 유의한다면, 지역 중간층을 매개로 하는 독자적인 정보전달 매체의 존재가 메이지유신을 거쳐 근대국민국가가 형성되는 과정에서 '국민적 여론'을 형성하는 신문을 비롯한 언론매체의 발달로 이어지는 가교로서의 역할을 했다는 점도 충분히 이해할 수 있을 것이다.[12] 따라서 이미 에도시대부터 조선에 대한 멸시관이 서민들 사이에도 공유되고 있었다는 견해[13]에는 찬성하기 어렵지만, 막부 말기의 지역 중간층을 매개로 한 '공론'의 발달과 메이지 초기의 언론을 비롯한 정보전달 매체가 근대 일본의 조선에 대한 타자상이 형성되어 가는 데 중요한 영향을 미치고 있었다는 점은 쉽게 상상할 수 있을 것이다. 그것은 메이지 초기의 '정한'을 둘러싼 논의에서도 확인할 수 있다.

강화도 사건을 전후해서 메이지 정부에 제출된 건백서를 살펴보면 '삼한 정벌'의 신화를 근거로 조선을 일본의 조공국으로 간주하고 일본국서의 수리를 거부하는 '무례'한 조선을 응징해야 한다는 예는 결코 적지

10) 宮地正人, 『幕末維新期の文化と情報』, 名著刊行会, 1994; 田崎哲郎, 「在村知識人の成長」, 辻達也(篇), 『日本の近世10 : 近世への胎動』, 中央公論社, 1994.

11) 横山俊夫, 「神国への道 : 異国接近と幕末文化」, 林辰三郎(編), 『幕末文化の研究』, 岩波書店, 1987.

12) 山室信一, 「国民国家形成期の言論とメディア」, 日本近代思想大系, 『言論とメディア』, 岩波書店, 1990.

13) 森山茂徳, 「明治時代 日本指導者의 朝鮮認識」, 『近代交流史와 相互認識』, 아연출판부, 2002.

않았다.[14] 이러한 조선 속국관은 메이지 초기에 일본의 민주주의 운동을 주도했던 자유민권파 신문에도 공유되고 있었다. 물론 당시 일본에서 '정한'이 부당하다는 것을 주장하는 의견이 전혀 없었던 것은 아니다. 예를 들면 1870년부터 1872년에 걸쳐서 부산 초량에서 조선 정부와의 교섭을 추진했던 요시오카 히로키(吉岡弘毅)는 히데요시의 부당한 침략이 조선인을 전율하게 했다는 점을 상기시키고 쓰시마의 상인들의 조잡하고 포학한 상행위를 비난했다.[15] 또한 다나카 세이추(田中正中)도 '삼한 정벌'과 '조선 정벌'을 일본의 명예로 삼는 것을 비판하면서 히데요시의 침략 행위가 오랫동안 일본의 이름을 더럽히고 또한 조선인으로 하여금 일본을 불구대천 원수로 생각하게 만들었다고 하면서 '정한'의 부당성을 주장했다.[16]

이와 같이 양국 간의 신의를 우선하는 주장은 근대 한일관계사에서 볼 때 귀중한 유산이라 할 수 있지만 더 이상의 발전을 보이지 않고 소멸되어 갔다. 그렇다면 왜 이러한 인식이 성장하지 못했을까? 이는 단순하게 전통적인 조선관이 확대 재생산되었다는 측면만으로는 설명하기가 어렵다. 즉 전통적인 요소와 더불어 근대국민국가의 형성과정에서 문명화와 국권의 확립이라는 과제와 관련해서 검토할 필요가 있다. 예를 들면 "은밀히 우내의 형세를 살피건대 명분은 문명개화라 하지만 그 실은 약육강식의 형세에 다름 아니다. 우리나라 즉시 구미의 강국들과 평등한 권리

14) 牧原憲夫(篇), 『明治建白書集成』 3巻, 筑摩書房, 1986, p.108; 牧原憲夫(篇), 『明治建白書集成』 4巻, 筑摩書房, 1986, p.460; p.960.

15) 牧原憲夫, 『明治7年の大論争』, 日本経済新聞社, 1990, pp.191-197.

16) 明治文化研究所(篇), 『明治文化全集』 雑史篇, 第25巻, 日本評論社, 1967, pp.27-28.

를 가지고자 하지만 국력이 미약함을 두려워한다. [……] 이렇게 볼 때 조선의 사건은 실로 천재일우의 놓칠 수 없는 기회다"[17]라고 하여 '정한'을 주장한 것은 서구에 대한 일본의 약점을 근린아시아의 침략을 통해서 보강하여 국권을 확립하자는 논리와 이어지는 것이었다. 그리고 이러한 과정에서 후쿠자와 유키치(福沢諭吉)의 '탈아론'에서 전형적으로 볼 수 있듯이, 문명화를 추진하는 일본과 그 반대편에 위치하는 '야만국'으로서의 조선이라는 분할선이 그어지고 조선에 대한 우월감과 멸시관이 증폭되어 간다. 특히 재야에서 '정한'을 둘러싼 논의가 전개되면서 형성되었던 조선에 대한 '완고', '고루', '몽매'와 같은 부정적인 이미지는 문명개화 정책이 본격적으로 전개되는 과정에서 그 편견을 한층 조장하는 역할을 하고 있었다.

더구나 부산 개항 이후 저널리스트, 여행객, 이주민 등의 도항이 시작되면서 조선의 불결한 생활상, 정치적 부패와 압정, 민중의 무지와 무기력, 노예근성 등이 갖가지 매체를 통하여 조선에 대한 선입견을 추체험적으로 확인시켜 주는 역할을 하고 있었다. 예를 들면 개항 직후 일본 신문의 조선에 대한 보도 내용을 보면 생활상에 관해서는 거리의 불결함이나 손님에 대한 무례함, 버린 음식을 주워 먹는 행위, 복장의 더럽고 고루함 등이,[18] 그리고 정치에 관해서는 조선의 압정과 민중의 무기력, 비굴함 등이[19] 집중적으로 보도되고 있었다. 모리야마 시게노리(森山茂德)는 '뒤떨어진 조선', '불결한 조선'이라는 이미지가 청일전쟁 이후 서민들

17) 牧原憲夫篇, 『明治建白書集成』 3巻, 1874.2.9., p.108.

18) 「朝野新聞」 1876.3.6.; 「郵便報知新聞」 1876.3.9.; 3.10.; 3.15.; 「横浜毎日新聞」 1876.6.1.

19) 「朝野新聞」 1877.7.8.; 1878.12.6.; 12.22.; 1881.2.26.; 「郵便報知新聞」 1880.8.6.; 「横浜毎日新聞」 1877.4.18.

사이에 급속하게 유포되어 갔다고 했지만,[20] 실은 이미 개항 직후부터 임오군란, 갑신정변을 거치면서 조선에 대한 부정적인 이미지가 확산되어 갔다고 보아야 할 것이다.

이러한 일본의 조선에 대한 멸시관은 서양에 대한 열등감[21]을 배경으로 하고 있으며, '문명'과 '야만'의 중층구조 아래에서 조선은 결코 본받아서는 안 될 서양에 대한 열등감의 반면교사로 고정되어 간 것이다. 다음에는 부산의 개항과 일본인의 이주, 그리고 개항장에서의 일본인의 경제활동에서 이러한 측면이 구체적으로 어떻게 전개되고, 지배하는 자와 지배당하는 자의 '비대칭적 권리의 위계질서'[22]가 형성되는지 살펴보자.

## 3. 부산의 개항과 일본인 거류지의 형성

근세 한일관계에서 부산은 조선 측의 유일한 교류 창구였다. 1678년 부산의 초량에 완성된 왜관은 약 10만 평 규모로 당시 동아시아에서의 거류지로서는 최대의 규모였다. 에도 시대 네덜란드 상인들의 교역을 허락했던 나가사키(長崎)의 데지마(出島)의 크기가 약 4천 평이었다고 하니 초량의 왜관은 이 데지마의 약 25배에 이르는 대규모의 거류지라는 것을 알 수 있다.[23]

조선 시대 왜관에서의 외교 교섭과 무역은 주로 쓰시마가 담당하였

20) 森山茂徳, 「明治時代日本指導者の朝鮮認識」 p.300.
21) 「朝野新聞」 1875.10.23., 「論説」 1880.9.2., 雑録.
22) テッサモリス・スズキ, 「マイノリティと国民国家の未来」, 『日本はどこへいくのか』, 小学館, 2003.
23) 다시로 가즈이 지음, 정성일 옮김, 『왜관』, 논형, 2005.

으며 1683년 체결된 계해약조에서는 왜관의 경계구역 밖으로 나가지 말 것, 밀무역의 금지 등과 함께 조선으로부터의 지급품이 왜관으로 반입될 때 일본인은 조선의 하급관리를 구타하지 말 것 등을 정하고 이상의 사항을 어긴 경우의 처벌에 대한 엄격한 내용이 규정되었다. 또한 왜관에는 여성들의 출입이 엄격하게 제한되었으며, 일본인은 일본인 여성을 동반할 수 없었기 때문에 교간(交奸)으로 인한 문제가 끊이지 않았다. 이를 통제하기 위해 1711년에 맺어진 것이 신묘약조였다. 이를 혹은 교간약조라고도 하는데, 여기서는 왜관을 나가 여성을 강간하면 사형, 여성을 유인해서 화간(和奸)하는 자나 강간 미수는 유배, 왜관으로 들어간 여성을 보고도 통보하지 않고 교간한 자는 그 이외의 죄를 적용한다는 등의 처벌 내용을 정했다.[24)]

이와 같이 왜관에 관한 모든 권한은 조선 정부에 있었으며 왜관은 엄연히 조선 정부의 통제하에서 쓰시마 도주의 책임하에 그 사용을 허락한 것이었다. 그러나 메이지유신 이후 조선 정부가 신정부와의 새로운 외교교섭을 거절하자 1872년 5월 왜관에 파견된 관리는 관원들을 이끌고 임의로 왜관 밖으로 나가 동래부사와의 직접 교섭을 요구하는 행위를 서슴지 않았다. 그리고 같은 해 9월 일본 정부는 하나부사 요시타다(花房義質)를 육군 보병 2소대와 함께 파견하여 자의적으로 쓰시마가 담당해 오던 조선과의 교류를 외무성이 접수하고 일본의 영토화를 도모했다. 이와 같이 1872년 일본 외무성의 '왜관접수' 사건을 두고 일제의 조선 침략이 시작되었다고 보아야 한다는 주장[25)]이 제기되고 있는데, 이러한 입장에

24) 尹裕淑, 「近世癸亥条約の運用実態について : 潜商·欄出を中心に」, 『朝鮮学報』 164号, 1997.

25) 손승철, 「1872년 일본의 왜관점령과 조선 침략」, 『군사』 28호, 1994.

서 보면 메이지 정부는 이미 1871년부터 규슈 지역의 상인들에게 조선과의 무역 개시를 명령하고 이에 종사하는 자들을 지원하고 있었으며, 그 배후에 조슈 출신의 기도 다카요시(木戸孝允)가 있었다는 사실에도 유의할 필요가 있다.[26] 그 어느 쪽도 강화도사건이 발생하기 전부터 일본의 조선에 대한 침략행위가 시작되고 있었다고 할 수 있을 것이다.

1876년 2월에 체결된 강화도조약으로 부산이 개항된 후 8월의 조약 부록에서는 부산의 일본 공사를 인정하고 수문을 철폐할 것, 각 개항장에 일본인의 관리관을 상주시킬 것, 일본인의 부산과 동래의 왕래권을 인정할 것, 개항장에서 조선인 노무자의 고용권과 일본으로 데리고 갈 수 있는 권리, 개항장에서 일본 화폐의 자유통행권과 조선 화폐의 일본 반출권, 조선인의 일본 상품 매매 및 자유사용권, 일본인 묘지의 설치권 등을 규정했으며, 같은 날의 조일무역규칙(조일통상잠정협약)에서는 일본 상선의 출입과 화물운수에 관한 세칙, 곡물 수출입의 자유, 아편 매매의 금지 등을 규정하여 조선에 대한 경제적 지배를 위한 합법적인 권리를 획득하게 되었다.

이어서 이듬해 1월에는 조약의 규정에 따라 초량 왜관을 그대로 답습하여 일본인 전관거류지가 형성되었으며, 거류민의 보호 · 관리 및 통상 사무의 관장을 위해 관리청을 설치하고 관리관을 임명하여 파견했다. 그리고 관리관과 관리청은 각각 1880년 2월 영사와 영사관으로 개칭되었다. 1877년 9월 일본은 태정관 포고 125호를 통해서 일본인의 부산 도항을 허가했으며, 개항 후 불과 2년이 지난 사이에 부산의 거류지는 "마치 쓰시마 이즈하라에 딸린 거리와 같다"[27]고 할 정도로 일본의 영토화가 급

26) 다카사키, 『식민지 조선의 일본인들』 p.22.
27) 「朝野新聞」 1878.12.10.

속하게 진행되고 있었다. 1880년대 부산이 한성과 제물포에 비해서 일본의 영향력이 가장 큰 곳이었다는 것은 당시 조선을 여행한 영국인들의 여행기를 통해서도 확인할 수 있다.[28] 또한 당시 일본의 신문에서 "도쿠가와 막부에 들어와 부산포는 영구히 일본의 소속이라는 취지의 약속을 했지만 조선에서는 이를 비밀에 부쳐 기록하지 않았다"[29]고 하는 근거 없는 낭설이 보도되었던 것도 이러한 분위기에 편승한 것이었다고 할 수 있을 것이다.

[표 2-1]에 의하면 개항 당시 부산에 있던 일본인 거류민의 수는 82명이었다. 조선시대 부산의 왜관에 거의 400~500명이 상주하고 있었던 것[30]에 비하면 현격하게 줄어든 숫자인데, 그것은 일본 정부가 왜관을 접수하면서 쓰시마인들을 대거 철수시켰기 때문이었다. 개항 직후 일본 정부는 나가사키(長崎)→고토(五島)→쓰시마(対馬)→부산을 잇는 항로를 개설하여 조선으로의 도항과 무역을 장려했으며,[31] 거류민의 수는 [표 2-1]과 같이 급속하게 증가하고 있었다. 이들 대부분의 거류민은 자발적으로 이주해 왔다고 할 수 있으나, 그 배경에 '신천지' 조선으로의 진출에 대한 적극적인 장려와 선동도 적지 않았다. 일본인의 조선 이주에 대한 적극적인 선동은 후술하듯이 특히 청일전쟁과 러일전쟁을 거치면서 빈번하게 나타나고 있는데, 후쿠자와는 이미 그 이전부터 문명론적 관점에

28) 김현수, 「19세기 말 영국인의 여행기에 나타난 한국의 변화상 : 서울 및 개항지(제물포, 부산) 모습을 중심으로」, 『동양학지』 38권.

29) 「横浜毎日新聞」 1878.12.15.

30) 장순순, 「부산의 왜인촌이었던 왜관」, 한일관계사학회(편), 『한일관계 2천년』 근세편, 2006, p.175.

31) 山田昭次, 「明治期の日朝貿易」, 家永三郎退官記念論文集, 『日本近代の国家と思想』, 三省堂, 1979, p.70.

[표 2-1] 연도별 부산 거류 일본인 수

| 연도 | 호수 | 인구 | 연도 | 호수 | 인구 | 연도 | 호수 | 인구 |
|---|---|---|---|---|---|---|---|---|
| 1876 | - | 82 | 1889 | 628 | 3,033 | 1900 | 1,082 | 6,067 |
| 1879 | - | 700 | 1890 | 728 | 4,344 | 1901 | 1,250 | 7,029 |
| 1880 | 402 | 2,066 | 1891 | 914 | 5,254 | 1902 | 1,352 | 9,691 |
| 1881 | 426 | 1,925 | 1892 | 938 | 5,110 | 1903 | 1,582 | 11,711 |
| 1882 | 306 | 1,519 | 1893 | 993 | 4,750 | 1904 | 1,891 | 11,996 |
| 1883 | 432 | 1,780 | 1894 | 906 | 4,028 | 1905 | 2,363 | 13,364 |
| 1884 | 430 | 1,750 | 1895 | 952 | 4,953 | 1906 | 2,981 | 15,989 |
| 1885 | 463 | 1,896 | 1896 | 986 | 5,423 | 1907 | 3,423 | 18,481 |
| 1886 | 488 | 1,957 | 1897 | 1,026 | 6,065 | 1908 | 4,213 | 21,292 |
| 1887 | - | 2,006 | 1898 | 1,055 | 6,242 | 1909 | 4,284 | 21,697 |
| 1888 | - | 2,131 | 1899 | 1,100 | 6,326 | 1910 | 4,508 | 21,928 |

자료: 부산상업회의소 『釜山要覧』(1912); 부산상공회의소 『新釜山大観』(1934).

서 내적 모순을 해소하기 위해 조선으로 이주를 적극적으로 장려해야 한다고 주장하고 있었다.

후쿠자와는 당시 일본이 급격한 인구 증가를 보이는 데 반하여 농토가 한정되어 있으므로 50~60만을 조선으로 이주시켜 그 농토를 경작하게 하기 위해서 조약을 개정해야 한다고 주장했다. 여기서 후쿠자와는 이주지역으로서는 전라·충청·경상도 지역이 적합하며 조선인은 관리의 부패로 지조를 감당하지 못하고 토지를 떠나는 자들이 많으므로 그 땅을 일본인이 경작하면 된다고 보았다.[32] 또한 후쿠자와는 곧이어 다수의 일본인이 조선으로 이주하여 인정풍속과 언어문자가 다른 조선인과 잡거하는 경우 상호 오해로 인한 불합리한 상황이 불가피하다고 예측하고 승려를 함께 이주시켜야 한다면서 "대저 미개한 지역을 개척하고 그 인민을 교화시킬 때 종교 세력을 이용하는 것은 우리가 처음이 아니다. 서양의 여러 국가가 남양제도, 아프리카 내지를 개척할 때에도 그러했다"고 하여

32) 「対韓の方略」 1889.4.29, 『福沢諭吉全集』 第16巻.

문명론적 입장에서 미개한 조선 인민을 교화시켜야 한다는 주장을 펼쳤다.[33]

[표 2-1]에서도 알 수 있듯이 1881~1882년과 1891~1894년의 두 차례 감소하는 것을 제외하면 부산의 일본인 수는 꾸준히 증가 추세를 보이고 있으며 특히 후쿠자와가 대규모의 이주를 주장한 1889년 이후에는 큰 폭으로 증가하고 있다는 것을 알 수 있다. 1889년부터는 오사카(大阪)에서 부산을 왕래하는 정기 항로의 개설과 무역상의 증가와 규모의 확대에 따른 고용인과 노동자들의 유입도 증가에 영향을 미친 것으로 보인다. 그런데 여기서 1882년과 1894년의 감소에 대해서는 임오군란과 청일전쟁이 영향을 미친 것으로, 그리고 1881의 감소에 대해서는 원산항이 개항한 후 그 쪽으로 이주한 일본인이 많았기 때문이라고 보는 것이 일반적이다.[34]

그러나 좀 더 넓은 의미에서 볼 때, 러일전쟁에도 불구하고 부산의 일본인 수가 큰 폭으로 증가한 것을 보면 단순히 일본인들이 내란이나 전쟁으로 인하여 생명에 위협을 느껴 철수했다고만은 볼 수 없다. 오히려 개항장에서의 일본 상인들의 횡포와 이에 대한 반일 감정의 고조가 영향을 미쳤다는 점과 러일전쟁의 시점에는 이미 부산에서 일본인들의 우위와 권익이 확고해지고 있었기 때문이라는 점도 고려할 필요가 있을 것이다.

다음에는 이러한 점을 염두에 두고 개항 이후 부산으로 건너 온 일본 상인들의 경제활동의 실태를 좀 더 구체적으로 살펴보기로 하자.

33) 「朝鮮移民に付き憎侶の奮発を望む」(1889.5.15.), 『福沢諭吉全集』 第16巻.

34) 다카사키, 『식민지 조선의 일본인들』 p.19.

## 4. 부산에서의 일본인의 경제활동

[표 2-2]는 부산의 일본인 전관거류지에서의 일본인의 본적지별 분포도다. 대상 시기는 1912년으로 합방 이후의 통계지만, [표 2-3]의 1896년과 1906년의 본적지별 재조일본인의 수와 함께 보면 규슈지역 가운데서도 나가사키와 야마구치가 압도적으로 다수를 차지하며, 특히 1890년대에는 이 두 지역의 출신자들이 과반수 이상을 차지하고 있음을 알 수 있다.

야마구치현과 나가사키현 출신이 압도적으로 많은 것은 지리적으로 근접하고 있었기 때문에 이 지역의 하역 노동자들이 대거 부산으로 유입되기도 했고, 부산 연해에서 어업 활동에 종사하다가 사업에 실패한 후 건너온 사람들도 많았다.[35] 개항기 부산에서의 일본인의 상업 활동에 관한 연구에 의하면 1880년 거류민의 직업 가운데 압도적으로 많았던 것은 도매업이었으며, 그 다음이 장인, 무역상, 소매잡상, 요리점 등의 순이었다.[36] 이와 같이 직업별 인구 가운데 가장 많았던`도매는 조선인에게 물건을 강요하거나 약속보다 싼 가격으로 물건을 매입하는 등의 불법적인 거래가 많았으며, 이 때문에 1880년 11월 일본영사관에서는 '도매영업인 단속규칙'을 정하여 불법행위를 금지할 정도였다.[37] 그리고 이렇게 해서 이익을 취득한 상인들은 대부분 고리대금을 겸업하고 있었다. 재조일본인 가운데 조금이라도 여유가 있는 자면 너나 할 것 없이 거의 대부분이 고리대금업을 했다고 할 정도다.[38] 그들은 고리대금을 통해서 대금을 제

35) 木村健二, 『在朝日本人の社会史』, 未来社, 1989, pp.40-43.
36) 박한철, 『개항기 부산항을 중심으로 한 일본인의 상업 활동』, 부산대학교석사학위논문, 1985, p.49.
37) 다카사키, 『식민지 조선의 일본인들』 p.49.
38) 손정목, 『한국개항기 도시사회경제사 연구』, 일지사, 1986, p.241.

때 갚지 못할 경우 조선인의 가옥이나 토지를 몰수하고 또한 그 토지에서 생산된 쌀을 일본으로 반출함으로써 조선에서의 쌀 부족과 조선 민중들의 경제적 생활을 압박하고 있었다.

[표 2-2] 부산 거류지 일본인의 본적별 · 남녀별 분포(1912년 말 현재)

| 본적별 | 남 | 여 | 계 | 본적별 | 남 | 여 | 계 |
|---|---|---|---|---|---|---|---|
| 야마구치 | 2,519 | 2,247 | 4,766 | 도쿄 | 264 | 223 | 487 |
| 나가사키 | 1,751 | 1,478 | 3,229 | 가고시마 | 210 | 125 | 335 |
| 후쿠오카 | 1,098 | 933 | 2,031 | 교토 | 196 | 136 | 332 |
| 히로시마 | 1,047 | 871 | 1,918 | 미에 | 188 | 130 | 318 |
| 오이타 | 770 | 671 | 1,441 | 와카야마 | 174 | 137 | 311 |
| 오사카 | 526 | 467 | 993 | 아이치 | 180 | 124 | 304 |
| 사가 | 550 | 413 | 963 | 도쿠시마 | 166 | 122 | 288 |
| 에히메 | 536 | 395 | 931 | 돗토리 | 148 | 118 | 266 |
| 오카야마 | 536 | 374 | 910 | 이시카와 | 120 | 98 | 218 |
| 구마모토 | 503 | 341 | 844 | 후쿠이 | 128 | 88 | 216 |
| 효고 | 437 | 379 | 816 | 시가 | 137 | 73 | 210 |
| 가가와 | 386 | 305 | 691 | 기타 23현 | 1,276 | 892 | 2,168 |
| 시마네 | 389 | 266 | 655 | 합계 | 14,235 | 11,406 | 25,641 |

자료: 부산상업회의소, 『釜山要覧』, 1912, p.10.

[표 2-3] 본적지별 재조일본인

| 1896년 | | | 1906년 | | |
|---|---|---|---|---|---|
| 부현 | 인수 | 비율(%) | 부현 | 인수 | 비율(%) |
| 나가사키 | 3,587 | 30.3 | 야마구치 | 13,251 | 17.0 |
| 야마구치 | 3,294 | 27.8 | 나가사키 | 8,542 | 11.0 |
| 오이타 | 970 | 8.2 | 후쿠오카 | 5,842 | 7.5% |
| 후쿠오카 | 646 | 5.4 | 오이타 | 5,436 | 7.0 |
| 구마모토 | 460 | 3.9 | 히로시마 | 4,176 | 5.4 |
| 오사카 | 427 | 3.6 | 구마모토 | 4,164 | 5.3 |
| 히로시마 | 310 | 2.6 | 오사카 | 3,772 | 4.8 |
| 사가 | 257 | 2.2 | 사가 | 2,540 | 3.3 |
| 효고 | 233 | 2.0 | 효고 | 2,252 | 2.9 |
| 도쿄 | 229 | 1.9 | 도쿄 | 2,121 | 2.7 |
| 기타 | 1,441 | 12.2 | 기타 | 25,816 | 33.1 |
| 계 | 11,854 | 100.0 | 계 | 77,912 | 100.0 |

자료: 木村健二, 「明治時代 日本調査報告書에 나타난 朝鮮認識」 p.366.

토지의 수탈은 고리대금을 통한 편법뿐 아니라 직접적인 토지 투자를 통해서도 이루어졌다. 특히 그들이 우선적으로 투자한 곳이 절영도, 즉 현재의 영도였다. 일본은 1883년 최혜국대우 조항을 획득했기 때문에 같은 해에 체결한 조영수호통상조약의 적용으로 거류지 밖 10리 이내의 토지와 가옥에 대한 소유권을 인정받았다. 그 후 1885년 절영도에 해군용 석탄을 저장하기 위한 조차지를 획득했으며, 부산에 사는 일본인 가운데 3대 지주로 손꼽히는 하자마 보타로(迫間房太郎)라는 인물은 절영도에 광대한 토지를 취득하기도 했다.[39] 부산의 일본인이 잠식한 토지는 비단 절영도뿐만 아니라 전역으로 확대되어 1905년 거류지 외의 공유지와 민유지는 535만 평에 달했으며, 1905년 5월부터 12월에 걸쳐 부산의 영주동과 초량동에서 일본인에게 매수된 대지나 논밭의 19건 가운데 일본인끼리 매수한 것은 단 세 건뿐, 나머지는 모두 조선인의 토지가 일본인에게 넘어간 것이었다.[40]

이와 같은 토지의 잠식은 일본으로의 쌀 반출과도 밀접한 관계에 있었다. 1877년부터 1882년에 걸쳐 부산과 원산을 통해 반출된 쌀은 1,529,636엔에 달하며, 일본 본국에서 풍년이 들어 쌀값이 폭락하는 상황에서도 쌀의 반출은 계속되었다. 이 가운데 1882년의 수출액은 16,487엔으로 최저액이었는데, 이는 흉작과 임오군란이 영향을 미친 것이었다. 여기서 주의해야 할 것은 조선에서의 대량의 미곡 수출도 일본에서의 소

39) 하자마는 부산에서 성공한 대표적인 일본인이었다. 1930년 경 그가 경상남도에서만 소유한 토지가 780만 평으로 도내 소작지의 3.5%를 차지하고 있었다.
『資料・雑誌にみる近代日本の朝鮮認識』 pp.78-79.

40) 성해기(편), 『부산경제사』, 부산상공회의소 부산경제연구원, 1989, p.353.

비량에 비하면 소량에 불과했다는 점이다. 가령 1880년에는 730,000엔 정도의 쌀이 일본으로 반입되었음에도 불구하고 쌀값이 폭등하여 빈민들에 의한 도적질이나 살인 사건 등이 빈번히 일어났다고 한다.[41)]

그럼에도 불구하고 일본 상인들이 조선에서 대량의 쌀을 반출해 간 것은 조선의 쌀값이 일본에 비해 저렴했기 때문이다. 당시의 쌀값을 비교해 보면, 조선에서 쌀값이 폭등했던 1882년에도 4.91엔이었는데 반해, 오사카에서는 7~8엔 대에 달했다.[42)] 부산에 거주한 일본인들의 경제활동에서 고리대금업과 토지매입, 그리고 쌀의 반출은 서로 밀접하게 연동하고 있었던 것이다.

이러한 경제활동에서 일본 상인들은 조선인에 대한 멸시관을 바탕으로 오만하고 폭력적인 상행위를 일삼고 있었다. 통감부 시절 부산이사청 소속 이사관의 말을 빌리면 고리대금의 "저당 기간은 100일을 한도로 하고 대부 금액은 물건 가격의 반액으로 한다. 이자는 월 2부에서 6부까지의 범위 내이며, 이자를 갚지 못할 때 이를 원금에 산입하는 것은 세 번까지 허용되고 네 번째는 거절"[43)]했다고 한다.

또한 그들은 돈을 빌려간 사람이 기간 안에 갚지 못할 경우 폭력적인 수단을 동원하기도 했다. 1892년 나카이 긴조(中井錦城)가 「요미우리신문(読売新聞)」의 주필대리를 그만 두고 조선으로 여행하면서 남긴 기록에서는 조선인에 대한 일본인의 난폭한 행위를 여과 없이 그대로 보여주고 있다. 예를 들면 "숙소에 들어가 2층에서 거리를 내려다보았다. 일본인이 한인을 가혹하게 대하는 것이 눈에 띄었다. 20~30분 사이에 네다섯

41) 「米騒動勃発 : 地方では盗賊殺人の流行」, 『明治編年史』 第4巻, 1880.5.8.

42) 성해기(편), 『부산경제사』 p.316.

43) 不動産法調査会(編), 『韓国不動産に関する調査記録』 p.83.

번이나 한인을 구타하는 것이 보였다"거나, "조선인이 빌린 돈이나 판매 대금을 갚지 못했을 때에는 그 조선인의 집 문과 출입구를 못으로 박았다. 거류민은 이러한 행위를 하기가 점차 어려워지자 이번에는 자택에 감옥을 만들었다. 조선인을 붙잡아 감옥에 집어넣고 친척이나 친구가 돈을 갚으면 그제야 비로소 풀어주었다"[44]고 할 정도였다.

이와 같이 거칠고 폭력적인 일본 상인들의 행태는 비단 개항장 부산에서만 일어난 현상은 아니었다. 예를 들면 한성의 경우 1897년 2월에 16곳에 지나지 않았던 일본인 전당포가 1890년대 말에는 약 40곳으로 늘었으며 손님의 대부분은 조선인이었다. 당시 외교관이었던 시노부 준페이(信夫淳平)는 "우리나라 상인은 신의를 가볍게 여겨 계약에 책임이 없다. 한마디로 말하면 속여서 이득을 취하는 것이 가장 훌륭한 장사"[45]라는 풍조가 일반적이었다고 지적하고 있다. 실제로 당시 일본인 상인들은 "말보다 완력"을 휘두르는 경우가 허다했으며, "조선인에 대한 경멸이 극심해서 심지어는 손님에 대해서조차 불친절하다. 언어 사용이 거칠고 폭력적이어서 마치 노비를 대하는 것 같았다"고 전하고 있다. 심지어 부산의 영사는 "많은 우리나라 사람들이 중국인을 따라가지 못하는 이유는 이렇게 뽐내고 건방진 기풍 때문이다"라고 보고하기도 했다.[46]

개항기 조선의 일본에 대한 경제적 종속 여부에 관한 논의는 차치하고라도, 재조일본인들은 '미개'한 조선에 대한 우월감과 멸시관을 바탕으로 이미 지배하는 측에서 군림하고 있었던 것이다. 재조 일본인들이 전통적인 조선관과 문명적 우월감을 바탕으로 조선인을 노골적으로 멸시했

44) 다카사키, 『식민지 조선의 일본인들』 p.49.
45) 위의 책, p.73.
46) 위의 책, p.74.

다는 사실은, 개항장에서의 일본 상인들의 약탈적인 상행위와 폭거를 비판하는 일본 언론의 자성의 목소리에서도 확인할 수 있다.

「조야신문(朝野新聞)」에서는 "메이지 12년의 오늘날도 여전히 저와 같이 침략을 즐기는 자가 있는 것은 대저 사이고 다카모리(西郷隆盛)와 에토 신페이(江藤新平)의 무리가 아니면 필경 조선 정벌기를 일독하여 허망하게 도요토미공의 허명을 흠모하는 백치한"이라고 하면서 "우리는 힘써 그 고루함을 도우고 약소를 원조하여 차바퀴가 서로 의지하는 형세를 이루어 함께 저 강대국의 남진을 막음으로서 장래의 양책으로 삼아야 할 것이다"라고 하면서 부산에서 경거망동을 일삼는 거류민을 비난했다.[47]

「조야신문」에서는 또한 일본인의 구비로 전승되는 '분로쿠정한(文禄征韓＝임진왜란)'에서 가토 기요마사(加藤清正)의 무용과 조선팔도의 유린은 조선인이 항시 일본을 "귀신과 같이, 호랑이나 늑대와 같이" 여기는 결과를 가져왔다고 하면서 일본 정부가 조선에 신의를 나타내고 충분하게 그 환심을 얻어 친밀한 교제를 이루기 위해서는 첫째로 "거류지의 단속을 엄중히 하고 우리 무뢰한 악한으로 하여금 조선인을 능욕하는 따위의 행위를 금지시켜야 한다"[48]고 주장했다.

물론 이러한 주장도 실은 서구 열강의 침략에 대응한 것으로 조일 간의 불평등 조약에 대한 인식의 한계와 조선에 대한 우월감을 바탕으로 하고 있었다는 점을 간과해서는 안 될 것이다. 예를 들면 「요코하마 마이니치신문(横浜毎日新聞)」에서는 서구인의 '동아시아 침략'을 단념시키기 위해서는 "조선을 도와 그 식견을 열고 스스로 부강을 꾀하게 해야 한

47) 「朝野新聞」 1879.7.17.

48) 「朝野新聞」 1880.9.11.

다”[49]고 했으며, 「조야신문」에서는 거류민의 폭거를 경계하면서, “조선과의 통교에서 득책은 가능하면 그들의 정부와 인민의 환심을 사서 점차적으로 우리 권세를 그들에게 미치게 하는 데 있다”고 하여 그 의도를 노골적으로 드러내고 있었다.[50]

다음 장에서는 이러한 일본인들의 우월감이 청일전쟁을 전후하여 조선으로의 도항이 증가하는 과정에서 어떠한 특징을 가지고 나타나는가를 살펴보겠다.

## 5. 청일 · 러일전쟁과 식민열의 고조

개항 이후 조선 민중의 반일 의식이 어느 시기에 형성되었는가에 관해서는 1885년 일본인의 조선 내지 행상에 주목하는 연구[51]와, 1898년 평양 민중의 일본 상인 공격을 계기로 일본의 경제적 침략을 생존의 위협으로 인식했다고 보는 연구,[52] 그리고 동학을 중심으로 한 민중 세력의 일본인식을 단계적으로 구분하여 검토한 연구[53] 등이 있다.

그러나 개항장과 내지와의 사이에는 일본에 대한 인식의 차이가 존재했다는 지역적 편차도 고려할 필요가 있으며, 개항장에서는 더욱 이른

49) 「横浜毎日新聞」 1878.7.3.

50) 「朝野新聞」 1879.8.28.

51) 배항섭, 「개항기(1876~1894) 민중의 일본에 대한 인식과 대응」, 『역사비평』 1994년 가을호.

52) 林雄介, 「19世紀末, 朝鮮民衆の対日認識について」, 『朝鮮史研究会論文集』 33, 1995.

53) 이영호, 「동학·농민의 일본 인식과 ‘보국안민’ 이념」, 김용덕(편), 『근대교류사와 상호 인식』Ⅰ, 아연출판부, 2002.

시기부터 일본인들의 불법적인 상행위 등으로 인하여 일본에 대한 불신감과 반일감정이 표출되고 있었다고 보아야 할 것이다. 사실 당시 개항장과 조선 내지의 사회경제 상황을 포함한 보고서를 검토한 기무라 겐지(木村健二)의 연구에 의하면 청일전쟁 이전과 이후에 차이가 있으며, 또한 개항장과 내지와의 사이에 일본에 대한 인식의 지역적 편차도 보인다.[54] 예를 들면 "부산포 재류 일본 상인이 우리 정부의 손을 거치지 않고 직접 한국 정부에 요구를 시도하고 한인에게 완력의 쟁투를 사용함에 따라 일본에 대한 한인의 불신을 조장시키는 결과를 초래하고 일본의 신용을 떨어뜨리는"[55] 현상은 일찍부터 보이고 있었으며, 임오군란을 전후해서 개항장에서는 반일적인 분위기가 팽배하고 있었다. 그리고 청일전쟁 후 일본인의 이주가 대거 증가하면서 조선인의 일본에 대한 감정은 극도로 악화되고 있었다.[56]

더구나 일본 상인들에 의한 쌀의 반출은 전국 각지에 식량난을 가중시켰으며, 이를 막기 위해 방곡령 사건이 발생하기도 했으나 효과를 거두지 못하고 오히려 일본 상인에 대한 배상금을 지불하는 결과를 가져왔다. 1892년에서 1893년에 걸쳐 발생한 '척왜양 운동'에서는 일본 상인의 무역활동에 의하여 경제적 폐해를 가져오고 있다는 인식에서 일본인 무역상의 가옥이 습격의 대상이 되기도 했다.[57] 일본 상인들은 이러한 약탈을 피하기 위해 서둘러 쌀을 현금으로 바꾸었으며, 이로 인하여 부산의 시장

54) 木村健二, 「明治時代 日本調査報告書에 나타난 朝鮮認識」, 김용덕(편), 『근대교류사와 상호 인식』 I, 아연출판부, 2002, pp.354-365.

55) 「東京日々新聞」 1879.1.15.

56) 「韓民極度に日本人嫌忌」, 「東京日々新聞」 1896.2.18.

57) 「釜山の邦人2名東学党に襲わる」, 「時事新報」 1894.10.28.

에 대량의 쌀이 공급되면서 가격의 하락을 가져와 농민의 궁핍한 생활이 더욱 가중되기도 했다.[58)]

이러한 상황에서 개항장 부산은 그 어느 지역보다도 앞서 일본영토화가 급속하게 진전되고 있었다. 1884년 조선을 여행한 영국의 북경주재 서기관 칼스(William Richard Carles)는 "이곳은 꼭 조선 사람이 살지 않는 일본의 도시 같다"[59)]고 했으며, 1894년 조선을 여행한 비숍(Isabella Bird Bishop) 여사도 "부산은 일본인의 상점이 위치한 넓은 도로와 각종 영국식·일본식 건물과 더불어 어느 정도 산과 바다로 둘러싸여 꽤 좋아 보이는 일본식 도시다"[60)]라고 하여 일본화가 진행된 부산의 모습을 전하고 있었다.

[표 2-1]에서도 보았듯이 청일전쟁 이후에는 부산으로 이주하는 일본인의 수가 급격하게 증가하였으며, 1909년 부산의 일본인 전관 거류지의 조선인 수가 20,588명(4,317호)인데 비하여 재부 일본인의 수는 21,697명(4,284호)으로 일본인의 수가 약간 많은 점[61)]에서도 알 수 있듯이 부산은 서서히 '일본인 도시'로서의 모습을 갖추어 가게 된다. 일본 식민협회에서는 "전쟁에서의 승리와 함께 상업상 가장 편리하고 중요한 장소를 선택하여 점포를 개설해야 한다"[62)]고 이주를 부추겼으며, 이러한 과정에서 일본인들의 횡포가 더욱 심해졌음은 후쿠자와가 "재조일본인들이 청국과의 전쟁에서 승리한 일본이 조선을 청으로부터 독립시켜줬다는 명목

58) 「釜山は米の山」, 「時事新報」 1894.6.10.

59) 김현수, 「19세기 말 영국인의 여행기에 나타난 한국의 변화상」 p.240.

60) 위의 논문, p.242.

61) 釜山府, 『釜山商工案内』 1932, p.3.

62) 『殖民協会報告』 1895.1., p.109.

으로 여러 행패를 부려 조선인의 일본인을 꺼리는 마음이 더욱 깊어졌다. 나라에 대한 자부심을 갖는 것은 좋지만 나라의 이름을 등에 업고 행패를 부리면 일본은 조선인의 마음속에서 멀어지게 된다"[63]고 하여 재조일본인의 단속을 철저히 강화해야 한다고 주장한 점에서도 알 수 있다. 이후 일본 정부는 일본인들의 무질서한 도항을 통제하기 위해서 1896년에는 조선으로의 무단도항을 금지하고 이를 위반할 경우에는 1개월 이상 1년 이하의 금고, 20엔 이상 200엔 이하의 벌금형을 가했으나,[64] 그것도 곧 1899년 8월에 폐지되었다.[65]

갑신정변 이후 청국의 조선에 대한 간섭이 심해지면서 소폭의 증가를 보이던 부산에서 거주하는 일본인의 수는 1889년 이후 큰 폭으로 증가하다가 청일전쟁을 앞두고 1891년부터 부산의 일본인 수는 다시 감소 추세에 있었지만 그러한 가운데서도 조선의 혼란을 기화로 이권을 획득하기 위해 암약하는 일본인들이 부산으로 건너오고 있었다. 예를 들면 1892년 2년 만에 조선에서 귀국한 요시쿠라 오세이(吉倉汪聖)는 친구인 오자키 세이키치(大崎正吉)에게 조선으로의 도항을 권유하여 부산에 법률사무소를 열게 하였으며, 이는 "조선의 내란에 개입하고 조선을 깨우쳐 이끄는데 전력을 다하는 것"을 목적으로 한 것으로 당시 부산에는 "조선에서 뜻을 펼치려는 자들이 끊이지 않고 모여들었다"고 한다.

또한 일본 우익 현양사(玄洋社)의 사원이자 부산영사관의 관원이었던 야마자 엔지로(山座円次郎)의 소개로 구즈우 슈스케(葛生修亮), 스가

63) 「在韓日本人の取扱を厳にす可し」(1896.7.13.), 『福沢諭吉全集』 第15巻.

64) 「朝鮮に無断渡航禁止」(1896.5.11.), 『新聞集成明治編年史』 第9巻.

65) 「勅令」 376号, 1899.8.18.

사와라 간시치(管佐原勘七) 등도 가세하여 청일전쟁 발발의 배경에서 암약하였으며, 실제로 1894년 7월 청일전쟁이 시작되자 재조일본인은 배후에서 적극적으로 일본군에게 협력하였다. 그것은 청국과의 전쟁에서 승리함으로서 청국 상인을 조선에서 축출하고 조선의 경제권을 장악하기 위한 것이었으며,[66] 실제로 청일전쟁 직후 "일본의 상인은 적극적으로 조선으로 진출하여 지나인에 대신하여 상권의 확장을 꾀하라"[67]고 선동하고 있었다. 전쟁 이후 일본의 영향력이 확대되면서 부산을 일본의 식민지로 간주하는 경향이 있었으며, 「요미우리신문」에 복직한 나카이 긴조는 부산에 있는 친구에게 편지를 보낼 때 일부러 '나가사키현 부산정(長崎縣 釜山町)'이라고 써서 보냈고, 그것이 도착하는 것을 보고 유쾌해 했다고 한다.[68]

청일전쟁 이후 조선의 현지에 대한 외무성의 영사관보고서를 보면 조선의 농업, 어업과 상업 등에 대한 부정적 평가와 함께 이 분야의 낙후된 이미지를 부각하면서 그 권리의 행사를 호소하는 것이 특징이었다. 예를 들면 "무한한 보고(寶庫)는 모두 닫힌 채 아직 광휘를 발휘하지 못하고 있고, 넓은 미개의 옥야는 쓸쓸히 황무지인 채로 있다"고 하고 "산림, 농업, 목축 및 기타 사업은 최우선적으로 일본인의 경영을 기다리고 있다"고 하여 일본인이 그 황무지의 개발에 참가해야 한다는 것을 역설하고 있었다.[69] 당시 일본은 매년 40만 명씩 인구가 급증하고 있었으며, 이에 대

66) 다카사키, 『식민지 조선의 일본인들』 pp.51-52.
67) 和田八千恵·藤原喜蔵共(編), 『朝鮮の回顧』, 近沢書店, 1945, p.349.
68) 다카사키, 『식민지 조선의 일본인들』 p.56.
69) 木村健二, 「明治時代 日本調査報告書에 나타난 朝鮮認識」 p.359.

한 대책으로서 이민을 역설하면서 그 가장 적합한 대상으로서 "땅이 비옥하고 개발해야 할 자원이 무궁한 고려반도"[70]를 들기도 했다. 이와 같이 청일전쟁에서 승리한 후에는 일본인의 이주를 장려하기 위해서 조선의 후발 이미지를 강조하는 내용의 보고서가 증가하고 있었다.

특히 청일전쟁 이후 도항에 가장 적극적인 곳은 지리적으로도 조선과 가까운 야마구치현이었다. 당시 야마구치에서 발행되던 「보초신문(防長新聞)」에서는 조선 사회의 미개, 관리의 무능과 불신, 학정과 같이 메이지 초기에 보였던 조선멸시관을 배경으로 "도저히 상업의 진보를 기대할 수 없다"거나 "수백 년 간의 취생몽사 상태"로 조선의 '미개'와 '불결'을 전하고 있었으며, "경부철도의 부설이라는 절호의 기회에 도항해야 한다"고 하여 '신천지' 조선으로의 이주를 호소하고 있었다.[71] 이와 같이 조선에 대한 보고와 소개는 대부분의 경우 일본인의 진출을 적극적으로 장려한 나머지 지나치게 선동적이며, 조선의 '미개'에 대한 이미지는 한층 의도적으로 고정화되어 갔다고 할 수가 있다.

1903년에 부산을 방문한 독일인 벨츠(Eriwin von Bälz)의 한국 여행기는 이러한 '미개'한 부산이 일본인의 손에 의해 근대화 되어가는 모습과 함께, 러일전쟁을 목전에 둔 상황에서 부산의 지리적인 중요성을 생생하게 전해주고 있다.

> 이곳을 방문하는 것은 이번으로 4년 사이에 세 번째가 되지만, 올 때마다 거리가 눈에 띄게 커지고 있다. 훌륭한 신작로가 펼쳐지고, 도로의 폭이 넓고 청결하며, 길가에 늘어선 집들은 부유한 일본의 도회와 같이 대부분은 2층 건물이다. 2년

70) 加藤增雄, 「韓国移民論」, 『太陽』 7巻, 1901.1.5.

71) 木村健二, 「明治時代 日本調査報告書에 나타난 朝鮮認識」 p.368.

> 전만 해도 일본인 거리의 변두리 곳곳에서 볼 수 있었던 더럽고, 좁으며, 냄새나는 조선인의 뒷골목은 거의 완전히 사라져버렸다. 대다수의 조선인도 지금은 일본식 건물에 살고 있는 것 같다. 10년 사이에 부산이, 설령 대부분의 주민은 조선인이더라도, 일본의 도회로서 해안에서 내륙 안으로 깊숙이 펼쳐질 것이라는 것은 의심할 여지가 없다. ―일본인은 거리의 장래가 어떤 모습을 갖추어야 한다는 것을 잘 알고 있으며, 또한 그 준비를 착실히 하고 있다. 그러나 일본인은 실제로 딜레마에 빠진 것 같다. 즉 만약 부산이 시베리아 철도의 일본에 가장 가까운 종점이 되면 거리가 틀림없이 훌륭하게 발전하겠지만, 한편으로는 압록강에서 경성으로의 철도가 러시아인의 한국 침입을 매우 용이하게 할 것이라는 점이다. 더구나 일본인 스스로 이 노선을 건설하는 것을 러시아 측에서 아직 승인할 것 같지도 않다. 이론적으로는 부산은 모든 나라에 개방되어 있지만, 실제로는 일본인만이 이 특권을 이용하고 있다. 그리고 러시아를 제외하면 다른 나라의 무리에게는 이 토지에 거류해도 아무 이익이 없을 것이다.[72)]

그러나 이윽고 러일전쟁에 즈음해서 1905년 1월에 부산 초량과 영등포를 잇는 경부선 철도가 개통되었으며 그 해 9월에는 부산과 시모노세키(下關)를 잇는 부관연락선 이키마루(壹岐丸)가, 그리고 11월에는 쓰시마마루(対馬丸)가 취항을 개시했다. 일본의 대륙 진출을 위해 부설한 경부선 철도가 부산에서 서울까지 연장되었기 때문에 일본의 철도회사 산요(山陽)철도가 일본의 산요선 철도와 한국의 경부선 철도를 연결시키기 위한 선박 수송을 계획하고 연락선 운행을 추진한 것이다. 이후 부관연락선은 식민지 시기를 통해서 한반도와 일본 본토 사이에 인간과 상품의 수송 수단으로서 가장 중요한 역할을 수행했다. 이러한 부관연락선의 취항은 고조

72) トク・ベルツ(編), 菅沼竜太(訳),『ベルツの日記』上, 岩波書店, 1979(1903.4.23.), p.283.

되는 식민열을 한층 가속화시켰으며 조선에 대한 미지의 욕망과 부정적인 조선 이미지가 교차하면서 많은 일본인들이 조선으로 건너갔다. 조선의 저임금과 값싼 생활비[73]도 조선으로의 이주에 대한 기대를 가중시켰다.

이토 통감은 "한국과 밀접한 관계를 맺기 위해서는 아무래도 내지에서 다수의 이주를 필요로 하게 되며, 하물며 반도에 일본 문화 및 국산품을 소개하여 인식을 심화할 필요가 있다"[74]고 하여 조선으로의 이주를 적극적으로 종용하였다. 실제로 당시에는 아오야나기(青柳綱太郎)의 『한국이민책』, 다카하시(高橋刀川)의 『재한성공의 규슈인』, 후쿠모토(福本誠)의 『만한식민론』, 고무라(小村寿太郎)의 『만한이민집중론』 등의 식민론이 대거 출판되었으며, 조선을 일본의 세력권=식민권으로 상정하여 일본 민족의 이주를 집중시켜야 한다고 주장하였다.[75]

그리고 이러한 식민열의 배경에는 "이민을 노골적으로 해석하면 우등 민족이 열등 민족을 지배하는 것이라는 말이다"[76]고 한 점에서도 알 수 있듯이 열등한 조선에 대한 우월감이 뿌리를 내리고 있었다. 러일전쟁 직후 조선을 방문한 히로시마현 출신의 국회의원 아라카와 고로(荒川五郎)는 "실로 위생이나 병에 대한 인식이 전혀 없으며, 나쁘게 말하자면 인간이라기보다는 짐승에 가깝다고 해도 좋을 듯하다"[77]고 조선인의 '미개'한 이미지를 전하고 있었다.

이와 같이 러일전쟁 이후 조선에서의 일본의 우위가 확고해지면서

73) 「生活費の廉なる, 日本の三分の一」, 山本庫太郎, 『最新朝鮮移住案内』, 民友社, 1904, p.63.

74) 和田八千恵 · 藤原喜蔵共(編), 『朝鮮の回顧』 p.235.

75) 木村健二, 「近代日本の移民 · 植民活動と中間層」, 『展望日本歴史20帝国主義と植民地』, 東京堂出版, 2001, p.74.

76) 日本移民協会(編), 『最近移植民研究上』, 東洋社, 1918, pp.1-3.

77) 荒川五郎, 『最近朝鮮事情』, 清水書店, 1906, p.86.

조선의 식민지화가 본격적으로 진행되었으며 부산은 마치 일본의 영토와 다를 바 없는 지역으로 변해 갔다. 청일전쟁 당시만 해도 반일 감정과 흉흉한 민심으로 부산의 시가지 계획에 소극적이었던 재부일본인들은 러일전쟁에서의 승리를 계기로 부관연락선의 취항과 함께 부산을 해륙연대 수송의 중계지로 삼기 위해 본격적인 시가지 계획에 착수했으며, 1906년의 제1기 부산축항공사도 그 일환으로 이루어졌다.[78] 이미 식민지 지배 이전부터 부산이 일본의 식민지와 같은 형상을 보였음은 부산역 개설 당시의 정황을 보도한 다음의 내용에서 생생하게 나타나고 있다.

> 이에 따라 부산에서는 개업 당일 일본인 거류 민단과 상업회의소의 발기로 성대하게 개업 축하식을 거행했다. 당일 부산시내 일본인들의 기업들은 일제히 휴업에 들어갔으며 천막을 치고 초롱을 내걸었으며 일장기를 내걸고 부산역 개업을 축하했다. 여장을 하거나 남장을 하기도 했으며 많은 사람들이 호화로운 복장으로 거니는가 하면 연락선과 기차 등을 구경하기도 했다. 시내 곳곳에서는 무대가 설치되고 연예 행사가 열리기도 하여 전 시내가 환희 분위기로 마치 광란의 밤과 같았다. 마침 이날부터 부관연락선이 격일간 출발이 가능하도록 증편되었고 부산과 신의주가 직통 열차로 연결되기도 하여 일본인들의 환영 분위기는 더했다. 한편 부산역 광장에는 축하회장이 마련되었으며 역원들은 축하회 준비에 분주했다. 오전 10시경 내빈들이 속속 모여들었으며 10시 30분을 기하여 경성행 급행열차가 발차하게 되자 모두가 만세를 부르며 이를 환송했다. 이어 축하회장에 다시 모여 식을 거행했다. 개회 선언에 이어 하자마(迫間) 상업회의소 총재가 개회사를 읽었다. 축사들이 이어진 후 성대한 축하연이 펼쳐지면서 부산의 연예인들이 볼거리를 제공했다. 임시로 만들어진 가게에서는 메밀국수와 꼬치안주 등 일본 음식을 만들어 팔았다. 이날 부산역 부근 철도역들이 부산행 승차 요금을 절반으로

78) 김경남, 「한말 · 일제하 부산지역의 도시형성과 공업구조의 특성」, 『지역과 역사』 5권, 1999.2.

인하했기 때문에 부산역을 방문하려는 승객들이 많아졌으며 특히 초량역 부근에서 부산역까지 열차에 시승하려는 사람들이 많았다.

또한 부산항에서는 모든 선박들이 손님들을 가득 채웠으며 수십 척의 소형 선박에는 일본인 청년들이 나누어 타고 노젓기 경주를 하기도 했다. 오후 6시 20분에 시모노세키를 출발하여 정시에 부산항으로 들어 온 에게산마루는 이미 와 있던 쓰시마마루와 부두를 마주끼고 정박했다. 부두에 우뚝 서있는 대형 선박의 위용은 볼만한 풍경이었다. 밤이 되자 연락선 쓰시마마루가 전등을 밝히면서 축하 분위기를 고조시켰다. 이윽고 오후 8시 신의주행 야간 열차가 첫 운행을 시작했다. 시민들도 제등 행렬로 이를 환송했으며 바다와 육지에서 커다란 환성이 울려나왔다.[79]

이후 부관연락선을 이용해서 조선으로 건너오는 일본인의 대부분은 조선에 대한 일본의 무력 지배와 식민지적인 불평등 조약을 배경으로 한몫을 잡으려는 사람들이 많았으며 부산은 이들에게 대륙 진출의 교두보가 되었다. 그들은 대열을 지어 부산에서 조선 내지로 들어갔으며 전국 각지에서 토지를 값싸게 매수하고 일본의 새로운 상품들을 팔아넘겼다.[80] 러일전쟁에서의 승리 이후 이미 조선에서의 경제활동에서 불안 요인이 불식된 상황에서 그들의 대부분은 개항기 이상으로 조선인을 야만시하고 일본 공사까지도 한탄할 만큼 오만한 언동을 일삼으면서 일본의 조선 지배에 첨병적인 역할을 하고 있었다.

79) 「鉄道時報」 1908.4.18.; 斎藤哲雄, 『下関駅物語』 pp.124-127.

80) 金賛汀, 『関釜連絡船 : 海峡を渡った朝鮮人』, 朝日新聞社, 1988, pp.12-13.

## 6. 나오며

근대 일본의 오리엔탈리즘적인 조선관의 원형은 '삼한 정벌'의 신화와 도요토미 히데요시의 '조선 정벌'을 배경으로 근세 후기부터 형성되고 있었지만, 그것이 근대국민국가의 국민 통합에 이데올로기적인 기능을 하기 위해서는 문명화 이데올로기가 필요했다. 이와 같이 근대국민국가 형성 과정에서 결합된 조선에 대한 우월감과 문명화의 입장에서 조선을 야만시하는 조선멸시관은 개항장 부산에서의 실상을 목격하고 이를 전달하는 과정에서 추체험적으로 확인되었으며 청일전쟁과 러일전쟁을 거치면서 더욱 고착되어 갔다.

조선이 식민지 지배를 받기 이전부터 개항장 등에서 자행되었던 일본인들의 갖가지 오만한 폭거도 이와 같이 메이지유신을 거치면서 근대국민국가 형성기에 광범위하게 확산되었던 '야만'·'미개'한 조선의 이미지를 배경으로 한 민족적 우월감과 멸시관이 뿌리를 내리고 있었다고 할 수 있을 것이다.

그런 의미에서 부산은 국민국가의 경계선과 지정학적인 경계를 넘어서 '문명'으로서의 일본이 '야만'으로서의 조선으로 들어오는 입구이기도 했다. 가장 먼저 개항한 부산은 식민지 지배 이전부터 식민지나 다름없는 지배하는 측과 지배당하는 측의 '비대칭적인 권리의 위계질서'가 형성되고 있었으며, 일본의 영토화가 일찍부터 진행되었다. 개항 이후 부산으로의 일본인 도항자가 증가하고 재조일본인 사회가 형성되어 가면서 "경계가 마이너리티를 만드는 것은 반드시 일방적이지 않다"81)는 현

81) テッサモリス·スズキ, 「マイノリティと国民国家の未来」, 『日本はどこへいくのか』, 小学館, 2003.

상은 부산의 일본인 사회의 특성을 통해서도 확인할 수 있는 것이다.

따라서 부산은 36년간의 식민지 지배 기간만을 통해서 일본의 영향을 받은 것이 아니라 이미 개항과 함께 일본의 영향하에 들어가고 있었다고 보아야 할 것이다. 부산의 일본화는 그 어느 지역보다도 깊은 영향을 남기는 결과를 가져왔으며 그것은 패전 이후 재조일본인들이 모두 떠나가고 반세기가 훨씬 지난 시점에서도 부산의 곳곳에 식민지 시대의 잔재가 남아있는 점에서도 알 수가 있을 것이다. 조선의 개항 이후 다수의 일본인이 '신천지'에 대한 꿈을 안고 부산으로 들어왔으며 제국의 패망과 함께 이곳 부산에서 철수해 갔지만 그들이 남긴 유형, 무형의 잔재는 아직도 부산에 남아 있는 것이다.

ㅁ 이 글은『한일민족문제연구』11집(2006.12.)에 게재한 논문을 수정 · 보완한 것임.

**참고문헌**

木村健二,「明治時代 日本調査報告書에 나타난 朝鮮認識」, 김용덕(편),『근대교류사와 상호인식』Ⅰ, 아연출판부, 2002.

김경남,「한말 · 일제하 부산지역의 도시형성과 공업구조의 특성」,『지역과 역사』5권, 1999.2.

김병하,「개항기의 거류일본인과 그 직업」,『경희대학교 논문집』, 1972.

김의환,『부산 근대도시 형성사 연구』, 연문출판, 1973.

김현수,「19세기 말 영국인의 여행기에 나타난 한국의 변화상 : 서울 및 개항지(제물포, 부산) 모습을 중심으로」,『동양학지』38권.

다시로 가즈이 지음, 정성일 옮김,『왜관』, 논형, 2005.

다카사키 소지 지음, 이규수 옮김,『식민지 조선의 일본인들』, 역사비평사, 2006.

森山茂德,「明治時代 日本指導者의 朝鮮認識」,『近代交流史와 相互認識』, 아연출판부, 2002.

박진우,「근대천황상과 조선멸시관의 형성」,『계명사학』5집, 1994.11.

박한철, 「개항기 부산항을 중심으로 한 일본인의 상업활동」, 부산대학교석사학위논문, 1985.
배항섭, 「개항기(1876~1894) 민중의 일본에 대한 인식과 대응」, 『역사비평』 1994년 가을호.
부산경제사편찬위원회, 『부산경제사』, 부산상공회의소, 1989.
부산상업회의소, 『釜山要覽』, 1912.
성해기(편), 『부산경제사』, 부산상공회의소 부산경제연구원, 1989.
손승철, 「1872년 일본의 왜관점령과 조선 침략」, 『군사』 28호, 1994.
손정목, 「개항기 한국 거류 일본인의 직업과 매매춘·고리대금업」, 『한국학보』 1980년 겨울호.
손정목, 『한국개항기 도시사회경제사 연구』, 일지사, 1986.
손정목, 『일제강점기 도시사회상연구』, 일지사, 1996.
이영호, 「동학·농민의 일본인식과 '보국안민' 이념」, 김용덕(편), 『근대교류사와 상호인식』 I, 아연출판부, 2002.
최원규, 「근대식민지 도시 부산의 발전」, 『부산의 역사와 문화』, 부산대한국민족문화연구소, 1998.
한일관계사학회(편), 『한일관계 2천년 : 근세편』, 2006.
荒川五郎, 『最近朝鮮事情』, 清水書店, 1906.
荒野泰典, 『近世日本と東アジア』, 東京大学出版会, 1988.
池内敏, 「近世後期における対外観と'国民'」, 『日本史研究』 344号, 1991.4.
大山梓(編), 『山県有朋意見書』, 原書房, 1966.
加藤増雄, 「韓国移民論」, 『太陽』 7巻, 1901.1.5.
姜徳相, 「日本の朝鮮支配と民衆意識」,『歴史学研究』, 青木書店, 1983.11.
金賛汀, 『関釜連絡船 : 海峡を渡った朝鮮人』, 朝日新聞社, 1988.
木村健二, 「明治期の日本居留民団」, 『季刊三千里』 1986, 冬.
木村健二, 『在朝日本人の社会史』, 未来社, 1989.
木村健二, 「近代日本の移民・植民活動と中間層」, 『展望日本歴史20帝国主義と植民地』, 東京堂出版, 2001.
斎藤哲雄, 『下関駅物語』, 近代文芸社, 1995.
田崎哲郎, 「在村知識人の成長」, 辻達也(篇), 『日本の近世10 : 近世への胎動』, 中央公論社, 1994.
辻達也(篇), 『日本の近世10 : 近世への胎動』, 中央公論社, 1994.
テッサモリス・スズキ, 「マイノリティと国民国家の未来」, 『日本はどこへいくのか』,

小学館, 2003.
トク・ベルツ(編), 菅沼竜太(訳),『ベルツの日記』上, 岩波書店, 1979.
内藤正中,『山陰の日朝関係史』, 報光社, 1993.
中塚明,『近代日本の朝鮮認識』, 研文出版, 1993.
中村均,『韓国巨門島のにっぽん村』, 中公新書, 1992.
日本移民協会(編),『最近移植民研究上』, 東洋社, 1918.
橋谷弘,「釜山・仁川の形成」,『近代日本と植民地 3』, 岩波書店, 1993.
旗田巍,『日本人の朝鮮観』, 勁草書房, 1960.
林辰三郎(編),『幕末文化の研究』, 岩波書店, 1987.
林雄介,「19世紀末朝鮮民衆の対日認識について」,『朝鮮史研究会論文集』33, 1995.
不動産法調査会(編),『韓国不動産に関する調査記録』.
釜山府,『釜山商工案内』, 1932.
牧原憲夫,『明治7年の大論争』, 日本経済新聞社, 1990.
牧原憲夫(篇),『明治建白書集成』3巻, 筑摩書房, 1986.
牧原憲夫(篇),『明治建白書集成』4巻, 筑摩書房, 1986
宮地正人,「風説留からみた幕末社会の特質」,『思想』831号, 1993.
宮地正人,『幕末維新期の文化と情報』, 名著刊行会, 1994.
明治文化研究所(篇),『明治文化全集』雑史篇, 第25巻, 日本評論社, 1967.
山田昭次,「明治期の日朝貿易」, 家永三郎退官記念論文集,『日本近代の国家と思想』, 三省堂, 1979.
山室信一,「国民国家形成期の言論とメディア」, 日本近代思想大系,『言論とメディア』, 岩波書店, 1990.
山本庫太郎,『最新朝鮮移住案内』, 民友社, 1904.
尹裕淑,「近世癸亥条約の運用実態について：潜商・欄出を中心に」,『朝鮮学報』164号, 1997.
横山俊夫,「神国への道―異国接近と幕末文化」, 林辰三郎(編),『幕末文化の研究』, 岩波書店, 1987.
和田八千恵・藤原喜蔵共(編),『朝鮮の回顧』, 近沢書店, 1945.
『新聞集成明治編年史』第9巻, 複刻版, 1982.
林子平(著), 山本饒(編),『林子平全集』1巻, 生活社, 1943.
『福沢論吉全集』第15巻, 第16巻, 岩波書店, 1961.
中山泰昌,『明治編年史』第4巻, 財政経済会, 1934.
『吉田松陰全集』3巻, 岩波書店, 1974.

「朝野新聞」

「時事新報」

「東京日々新聞」

「郵便報知新聞」

「横浜毎日新聞」

# 3장 부관연락선과 도항증명서제도

류교열

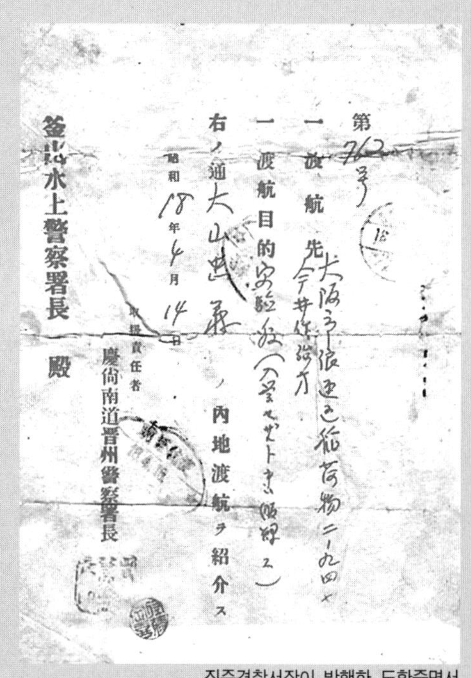

第762号

一 渡航先

一 渡航目的

右ノ通　　　　ノ内地渡航ヲ紹介ス

昭和18年4月14日

取扱責任者

慶尙南道晋州警察署長

釜山水上警察署長 殿

진주경찰서장이 발행한 도항증명서

## 1. 들어가며

1905년 9월 11일, 일본 시모노세키(下関)항을 출발한 1,600톤급 여객선 이키마루(壱岐丸)가 11시간 30분간의 항해 끝에 부산항에 도착했다. 제국 일본 최초의 국제 페리인 부관연락선(釜關連絡船)의 영욕의 역사가 시작된 것이다. 연락선이라는 명칭이 사용된 것은, 같은 해 1월 1일에 개통된 경부선과 일본의 간선을 연결한다는 의미에서였다. 이 연락선은 일본의 패망 후 폐쇄되었다가, 1970년에 부관 페리 항로로 재개되면서 일본은 제국이 아닌 새로운 이웃의 모습으로 다가섰다. 하지만 40년이 흐른 지금도 여전히 부산과 부산 사람들의 기억 한 구석에는 아스라이 부관연락선이 자리하고 있다.

이키마루와 함께 운항한 같은 급의 쓰시마마루(対馬丸)의 명칭은 각각 대한해협에 놓인 섬 이키와 쓰시마에서 따온 것이다. 일본에서 보자면 이키에서 쓰시마를 통해 차츰 한반도로 대륙 침략의 야망을 전개하는 것이었으며, 이는 부산과 시모노세키를 잇는 단순한 여객선이 아니었다. 1910년, 한반도가 식민지로 전락한 후에는 3천 톤급 신예선이 취항하는데, 그 이름을 보면 각각 시라기마루(新羅丸)와 고마마루(高麗丸)다. 이는 아마도 조선에 대한 식민지 경영을 의식한 것으로, 한반도의 역사마저 제국 일본의 지배하에 두겠다는 의도가 내포된 것으로 보인다. 그리고 1922년과 이듬해에 각각 취항한 3천 6백 톤급의 게이후쿠마루(景福丸), 도쿠주마루(德壽丸), 쇼케이마루(昌慶丸)는 조선의 지배 권력이 완전히 일본으로 넘어갔다는 사실을 의도적으로 드러내기 위해 명명했던 것으로 보인다.

1932년에 제국 일본의 괴뢰국인 만주국이 건설되자 부관연락선을 이용한 인적 물적 이동은 더욱 늘어났다. 20년간 일본인 100만 호를 만주로 이주시킨다는 일본 정부가 내놓은 국책사업의 결과였다. 그 후 중일전쟁이 본격화되던 1937년부터 연간 수송객이 백만 명을 넘어서자, 일본 정부는 또 다시 대형선 7천 톤급 곤고마루(金剛丸)와 고안마루(興安丸)를 취항시켰다. 이 역시 조선의 명산인 금강산과 중국 동북지방의 흥안령이 만주국 건설로 인해 제국 일본의 지배하에 놓여 졌음을 반영한 것이다. 이 무렵, 부산에서 만주국의 수도인 신징(新京, 지금의 長春)까지는 주야로 철길을 통하여 급행 히카리(光)와 노조미(望)가 바쁘게 왕복하며 사람과 물자를 실어 날랐다. '히카리'와 '노조미'라는 이름에는 신속하게 대륙 진출의 야욕을 달성하겠다는 뜻이 배어있으리라. 그런데 지금도 일본의 대표적인 고속전철인 신칸센(新幹線)에 그대로 '히카리'와 '노조미'라는 이름이 사용되고 있는 것은, 이러한 역사적 사실을 알고 있는 이들로 하여금 위화감을 느끼게 한다.

태평양전쟁이 격화되던 1942년과 43년에는 더욱 거대화된 8천 톤급의 덴잔마루(天山丸)와 곤론마루(崑崙丸)가 각각 취항한다. 미군의 공격에 대비한 함포와 대잠수함 폭뢰를 탑재한 마치 군함과 같은 암회색의 여객선이었다. 이미 일반 여객들의 부관연락선 이용은 거의 통제되었고, 대륙으로 진출하는 일본군이 내린 부관연락선에는 일본으로 끌려가는 강제징용·징병자, 학도병, 정신대 등으로 가득 채워졌다. 중국의 대 산맥인 천산산맥과 곤륜산맥을 넘어 팽창하려는 제국 일본의 침략의 확대, 전쟁의 확대 야욕을 그대로 반영한 이 연락선은 한마디로 '지옥선'이었고 '전시노예선'에 다름 아니었다.

이처럼 제국 일본은 부관연락선에 동원된 각 선박명이 상징하듯 대륙으로 팽창했고, 다양한 층위의 사람들은 갖은 애환을 품고서 제국과 식민지의 경계를 넘나들었다. 일본인들에게 주눅 들어 배 안에서 조선인 형사와 일본어로 대화할 수밖에 없었던 『만세전』 속 이인화의 참담함도 그 중의 하나다. 부관연락선은 우리 민족에게 콤플렉스가 형성되는 공간이었고, 명백한 제국 일본의 인후(咽喉)였다. 이제 그 애환 서린 이야기는 가물거리고, 부산의 근대도 가물거리며 기억에서 자꾸만 멀어져 간다. 지금 부산국제페리터미널을 오가는 한국과 일본의 젊은이들의 기억 속에 콜로니얼 도시 부산의 애환이, 부관연락선에 얽힌 지난 이야기들이 과연 얼마만큼 남아 있을까.

이하에서는 일본의 대륙팽창정책, 식민지 통치와 밀접한 관련을 가지는 제국(일본열도)과 식민지(대륙)의 연락, 연계, 운수 수단이었던 부관연락선에 주목하면서 제국의 통합과 배제의 논리를 해협=경계를 넘나들었던 사람들과 그에 대한 정책—도항에 대한 관리시스템—을 연락선별 취항 시기로 나누어서 살펴볼 것이다. 물론 식민지 시기에는 부산과 시모노세키 간의 수송 항로 외에도 전라남도 여수와 시모노세키간의 관려(關麗) 항로, 부산과 하카타(博多) 간의 부박(釜博) 항로, 제국 일본의 패전 직전에는 경상남도 울산과 야마구치현(山口県)의 유야만(油谷灣) 간의 울유(蔚油) 항로가 추진되는 등 이른바 다항로주의가 전개되었다. 이는 만주국 건설에 따른 일본의 만주로의 이주정책 추진과 중일전쟁이 발발한 이후, 일본열도와 대륙 간에 여객 왕래가 급증하면서 부관연락선의 수송 능력이 만성적인 포화상태에 직면했으므로 그 해결을 위한 것이었다. 게다가 전쟁이 격화되면서 조선 철도국은 대륙과의 연결선을 부관연락선 하나에만 의존하는 것이 군사적인 면에서도 위험하다고 판단, 조선해협 다항로주의적인 관점에서 보조 항로의 개설을 모색하게 된 것이었다. 하지만 여기서는 이들에 대한 검토는 생략하고, 부관연락선에 대해서만 주목하였다.

부관연락선에 대한 연구로는, 자료적인 측면에서 본다면 일본국유철도 히로시마철도 관리국(日本國有鐵道広島鉄道管理局)에서 편찬한 자료인 『관부연락선사(關釜連絡船史)』가 있으며, 또 조선인 여객수송의 추이 등을 검토하면서 '재일(在日)' 사회의 형성을 밝히고자 한 재일 사학자 김찬정의 『관부연락선(關釜連絡船)』이 있다. 그리고 국내에서는 근년 광운대학교의 김광열 교수에 의한 제1차 세계대전부터 1940년대에 이르기까지 조선인 도항에 대한 일본의 규제정책과 치안 당국의 역할을 비교 분석한 연구가 있다. 특히 김광열 교수로부터는 이 글을 집필하는 데 있어서 직간접적으로 많은 도움을 받았음을 밝혀둔다.

식민지 시기의 부산항은 명실 공히 제국의 주요 연결지 역할을 했으며, 이는 일본 통치하에서 항만 공사비의 약 3분의 1이 부산항에 투입된 것만으로도 그 위상을 알 수 있다. 물론 시모노세키항의 경우도 그 중요성은 비슷하다고 하겠다. 그러나 패전과 함께 선후 일본에서 국민국가가 재형성되는 과정에서 제국과 대륙을 연결하는 주요 관문이었던 콜로니얼 도시 부산과 시모노세키의 기억은 배제되었다. 함께 제국이라는 근대 일본의 폭력성도 이러한 국민국가의 원리에 의해 은폐되고 있는 것도 사실이다. 이처럼 잊혀져가는 기억을 되살리기 위해서 더이상 늦기 전에 당시의 맥락을 읽을 수 있는 자료 조사와 개관, 그리고 직접 경험자에 대한 탐문 등이 시급히 이루어져야 하는 과제가 놓여 있다고 하겠다.

## 2. 이키마루 · 쓰시마마루—부관연락선의 탄생

조선에 대한 일본의 불평등조약 강요와 함께, 그 특권을 이용하여 일확천금을 노리는 일본인들이 대거 부산으로 밀려들었다. 러일전쟁러일전쟁 이후 보호조약이 체결되자 일본의 중앙 정부, 지방 정부, 민간 차원에서는 이민론이 왕성하게 대두되었다. 예를 들면 이토 히로부미(伊藤博文) 통감은 "한국과 밀접한 관계를 맺기 위해서는 무엇보다 내지인들이 다수 이주할 필요가 있다"며 한국 진출을 열심히 종용하였던 것으로 알려지고 있다. 그 밖에 일본인을 유도, 정착시키기 위한 다양한 논리에 대해서는 기무라 겐지(木村健二)의 재조일본인의 사회사에 대한 연구가 있다. 일본의 3분의 1에 지나지 않는 한국의 저렴한 생활비와 임금, 게다가 위압적인 무력을 배경으로 한국이민 붐이 시작된 것이다. 다카사키 소지

(高崎宗司)는 이와 같은 이민 붐을 타고 당시 부산에 건너 온 일본인들의 고압적인 태도 등에 대한 조사를 토대로 일본의 조선 침략이 '풀뿌리 침략', '풀뿌리 식민지 지배'에 의해 뒷받침되었음을 밝히고 있다.

1905년 9월 11일과 동년 11월 1일, 11시간 30분에 시모노세키와 부산을 잇는 부관연락선 이키마루(壱岐丸)·쓰시마마루(対馬丸)가 최초로 운항하는데, 이듬해 12월에 철도국유법 공포와 함께 부관 연락 항로도 국유화한다. 그러나 「외국인노동자입국제한법」(칙령 제352호)으로 관리나 유학생을 제외한 한국인 농민과 노동자의 일본 도항은 제한되었으므로 실제 도항자의 대부분은 일본인이었다고 하겠다.

그러나 한일합병조약이 조인되면서 상황은 바뀌기 시작한다. 1910년 8월 22일에 일본의 조선인에 대한 외국인 적용 법령이 해제되면서 대한제국 국적 보유자는 자동적으로 조선적 일본국민이 되었던 것이다. 따라서 조선의 농민, 노동자의 일본 이입이 급증하는데, 이는 일본의 다양한 산업 분야가 저렴한 임금의 조선인 노동자 채용을 위한 조직적인 노동자 모집에 나섰기 때문이었다. 동양척식주식회사(1907년)와 조선총독부에 의한 토지조사사업(1910~1918년) 등 일본 정부의 국책에 의한 조선에서의 토지 수탈로 몰락한 농민이 저렴한 노동력으로 일본에 이입되었던 것이다. 1910년에 약 11만 평방킬로미터였던 동양척식주식회사의 소유지 면적이, 토지조사사업이 완료되는 1918년에는 약 7배인 약 80만 평방킬로미터로 늘어난 사실만으로도 토지 수탈의 정도를 알 수 있다. 한편 일본 정부로부터 매년 30만 엔을 8년간 보조금으로 지원받는 등 막대한 국가적 지원을 입었던 국책회사인 동양척식회사가 모집한 일본의 빈농들이 조선으로 이주해 왔는데, 이는 이른바 '만한이민집중론'이라는 기본

구상에 입각한 것이었다. 1910년, 외상 고무라 주타로(小村寿太郎)는 중의원에서 청일, 러일전쟁의 승리로 인한 대륙으로의 세력 확대와 함께, 이민을 외국보다는 일본의 세력권으로 집중시켜야 한다는 '만한이민집중론'을 주장했다. 그러나 식민지는 제국 일본인의 치유나 재생을 위한 장소가 아니라, 현실에서는 그와 정반대로 그들이 가지는 문화나 권력의 예상을 초월하는 접촉공간으로 나타났다. 주된 원인은 이들 지역에는 일본인 보다 생활 조건이 낮음에도 불구하고 근면한 노동력이 존재한다는 사실에 있었다. 실제 1910년부터 1920년까지 약 2만 호에 달하는 일본 농민이 조선으로의 이주에 응모했는데, 이중에서 전체의 5분의 1에 해당하는 약 4,000호 정도만이 정착에 성공하였으며, 나머지는 탈락한 사실에서도 알 수 있다.

그러나 동양척식회사의 이러한 이주정책으로 조선에서는 동양척식회사가 토지를 사들인 그곳에 1호의 이민(일본인)이 들어오면, 5호 이상의 조선인은 곧바로 의식을 위한 길을 잃고 남북 만주, 연해주 방면으로 이주하지 않을 수 없게 되는 상황이 발생하였다. 따라서 일본 정부는 일본으로 계속해서 몰려오는 조선인에 대하여 새로운 단속을 위한 관리체제가 필요하게 되었으며, 이를 위한 법률 제정과 감시체제를 강화하고 정비하기 시작하였다. 1910년 9월에 내무성 치안 당국은 내무성비 제857호 「요시찰 조선인 시찰내규」를 만들고 도항 조선인에 대한 감시와 단속을 일본 내에 있는 각 부·현의 지방 장관들에게 명하면서 강화하기 시작한다. 이중에서도 가장 감시가 철저했던 곳이 바로 부관연락선이었음은 말할 필요도 없다.

## 3. 고마마루 · 시라기마루 시대

대륙 진출의 확대에 따라 여객 수송량이 매년 7~8퍼센트 상승하자, 수송의 한계를 극복하기 위해 1913년 1월 31일과 동년 4월 5일에 3천 톤급 고마마루(高麗丸) · 시라기마루(新羅丸)가 각각 운항에 투입되었다. 1914년 7월에 제1차 세계대전이 발발하면서 일본의 산업계에서는 군수경기의 활황과 함께 공장 신설과 확충이 계속되었다. 필연적으로 노동자 고용의 수요가 대량화되고 일본 국내의 노동공급력은 부족해졌다. 특히 탄광, 토목의 노동자와 섬유산업의 여공 확보가 곤란하여, 각 기업들은 토지조사사업 이후 많은 농민들이 몰락한 조선 농촌 지역에서 조직적으로 모집 활동을 통하여 노동력을 확보했다. 일본 기업가들의 조선인 노동력에 대한 선호, 특히 강인한 노동력에 주목했음을 아래의 기사를 통해서 알 수 있다.

> 내지(일본인)의 하역부에 비해 임금이 훨씬 저렴하냐 하면 그렇지도 않다. 하루에 70전에서 1엔 정도로 내지 하역부와 거의 차이가 없다(더욱이 야간 할증의 경우는 상당한 차이가 있다). 내지의 하역부에 비해 힘에서 차이가 난다. 특히 어깨 힘은 비교가 안 된다. 내지의 하역부는 쌀 두 가마니를 지는 정도가 상급이지만, 조선인 하역부는 두 가마니는 보통이고 다섯 가마니를 세 가마니와 두 가마니로 나누어 양쪽 어깨에 지는 자들도 적지 않다. 그러므로 조선인 하역부를 두는 편이 훨씬 일이 수월하다.[1)]

이처럼 조선인의 강인한 노동력과 비교적 저렴한 임금을 배경으로 하는 일본 기업가들의 조선인 노동력에 대한 선호는 [표 3-1]에서 보듯이

1) 「防長新聞」 1917.4.16.

1917년 이후 재일조선인 수의 급격한 증가로 이어졌다.

이와 같은 제국 일본에 의한 노동력의 재편성 과정은 법적 강제력을 근거로, 그 재분배 과정에서 직업 선택의 자유를 부정하는 형태로 전개되었던 것임은 말할 필요도 없을 것이다.

> 일본의 탄광, 방적, 직물, 공장 등 그 밖의 토목 관련 인부, 하역부 등 다수의 수요가 발생하면서 매일 아침 부관연락선으로 시모노세키역 부두에 오르는 조선인 남녀는 80명, 100명, 150명으로, 가을날의 무더위 속을 일반 승객의 맨 뒤를 따라 터벅터벅 역 대합실로 걸어간다. 남녀가 구별되었는데, 3일 정도 남자들이 들어오면 그 사이 한 번은 여자들이 들어온다. 남녀 모두 거의 짐도 없으며, 특히 남자의 경우는 밥과 반찬을 섞어 먹는 조선식 커다란 밥그릇 하나만 지닌 자도 있다. 대부분이 일상적인 옷차림으로 그다지 걱정스러워 하는 것처럼 보이지도 않는다. 그러나 그들에게도 희망이 있을 것임에 틀림이 없다.[2)]

1917년의 이 기사 내용은 당시 거의 하루에 100명에 가까운 조선의 노동자들이 일본으로 도항하고 있음을 말해준다. 그리고 그들은 대부분이 가족 단위가 아닌 단신 취로 형태를 취하고 있었음을 알 수 있다. 이렇게 급격하게 일본으로 도항하는 조선인 노동자들이 늘어나게 되는 가운데 3·1독립운동이 발생하자, 조선총독부는 도항 조선인에 대한 감시를 강화하기 시작하였다. 총독부는 1919년 4월에 경무총감부령 제3호 「조선인 여행 단속에 관한 건」을 발령함으로서 조선인의 일본 도항에 대한 직접적인 규제를 처음으로 행사하기에 이르렀다. '도항증명서' 제도가 바로 그것이다. 즉 조선 내에서 출국을 희망하는 조선인의 경우는 먼저 주거지 관할 경찰서나 주재소가 발행하는 증명서를 발급받아야 한다. 이른

2) 「馬関毎日新聞」 1917.8.31.

[표 3-1] 재일조선인 연도별 인구수(단위: 명)

| 연도 | 인구수 | 증가 인구 | 연도 | 인구수 | 증가 인구 |
|---|---|---|---|---|---|
| 1904 | 233 | - | 1926 | 148,503 | 14,793 |
| 1905 | 303 | 70 | 1927 | 175,911 | 27,408 |
| 1908 | 459 | 156 | 1928 | 243,328 | 67,417 |
| 1909 | 790 | 331 | 1929 | 276,031 | 32,703 |
| 1911 | 2,527 | 1,731 | 1930 | 298,091 | 22,060 |
| 1912 | 3,171 | 644 | 1931 | 318,212 | 20,121 |
| 1913 | 3,635 | 464 | 1932 | 390,543 | 72,331 |
| 1914 | 3,542 | -93 | 1933 | 466,217 | 75,674 |
| 1915 | 3,989 | 447 | 1934 | 537,576 | 71,359 |
| 1916 | 5,638 | 1,649 | 1935 | 625,678 | 88,102 |
| 1917 | 14,501 | 8,863 | 1936 | 690,501 | 64,823 |
| 1918 | 22,262 | 7,761 | 1937 | 735,689 | 45,188 |
| 1919 | 28,272 | 6,010 | 1938 | 799,865 | 64,176 |
| 1920 | 30,175 | 1,903 | 1939 | 961,591 | 161,726 |
| 1921 | 35,876 | 5,701 | 1940 | 1,190,444 | 228,853 |
| 1922 | 59,865 | 23,989 | 1941 | 1,469,230 | 278,786 |
| 1923 | 80,617 | 20,752 | 1942 | 1,625,054 | 155,824 |
| 1924 | 120,238 | 39,621 | 1943 | 1,882,456 | 257,402 |
| 1925 | 133,710 | 13,472 | 1944 | 1,936,843 | 54,387 |

자료: 1904~11년, 森田芳夫, 『在日朝鮮人処遇の推移と現状』; 1912~44년, 「内務省警保局調べ」

바 여행허가제인 것이다. 일본으로 도항하려는 자는 그 증명서를 최종 출발지의 경찰관에게 제시해야 하는데, 부산에서는 부산 수상서에 제시하여 승선허가서를 받은 후에야 부관연락선 승선이 가능하게 되었다. 이후 1920년대에 들어서면서 일본의 사회경제적인 상황과 밀접하게 연동하는 형태로 조선총독부의 도항증명서 제도는 폐지와 부활을 반복하는데, 기본적으로는 제한에 역점이 두어졌다고 하겠다.

4월의 도일규제 강화조치에도 불구하고 조선의 몰락 농민의 일본 이입은 계속 증가하는 추세로 이어졌다. 그러나 1920년 5월부터 시작된 세계경제 불황은 재일조선인 노동자들에게 심각한 타격을 가져다주었다.

경제공황하에서 각 기업의 노동자의 임금 삭감, 해고, 그리고 공장 폐쇄 등의 조치로 수많은 노동자들이 직장을 잃었는데, 그 최종적인 여파는 역시 조선인 노동자의 몫이었다. 주로 미숙련 노동자이거나 중소기업의 노동자였던 조선인 노동자들은 경제 불황의 최초 단계에서 해고 대상이었으며, 많은 조선인들이 귀국의 길에 오를 수밖에 없었다.

일본의 불경기와 함께 더욱 도항증명서 제도가 엄격하게 시행되었다. 그 결과 부산에는 일본 도항을 저지당한 조선인들이 집적되면서 일대 사회문제를 야기하는 현상이 발생하였다. 예를 들면 친일단체 상애회(相愛會) 회장이자 친일파의 거두인 박춘금(朴春琴)은 부산에서 도항을 저지당한 조선인들을 상대로 도항증명서를 한 장에 20원씩 받고 파는 제도를 만들어 조선인들을 착취하고 있었다. 이러한 불합리에 맞서 부산에서는 1921년에는 도항을 희망하는 조선인 노동자들과 백산상회를 중심으로 하는 안희제, 윤병호 등이 '박춘금 성토대회'를 열었으며, 전국에서 몰려와 도항을 거부당한 수천의 노무자들이 노숙과 걸식 등으로 부산 시내가 커다란 사회적인 혼잡에 당면하자, 이들의 도항을 위한 조선노동총동맹, 조선청년총동맹 등에 의한 시민대회도 열리게 되었다. 특히 안희제와 윤병호 등은 조선총독부를 항의 방문하여 불합리한 도항증명서 제도를 폐지해 줄 것을 요구하였는데, 그 결과 이듬해인 1922년 12월에 총독부령 제153호로 도항증명서 제도는 폐지되게 되었다.

## 4. 게이후쿠마루 · 도쿠주마루 · 쇼케이마루 시대

1922년 5월 8일과 11월 12일, 그리고 이듬해 3월 12일에 3,500톤급 게이후쿠마루(景福丸) · 도쿠주마루(德壽丸) · 쇼케이마루(昌慶丸)가 각각 운항시간을 8시간으로 단축하면서 이들 세 선박이 하루 두 번 왕복으로 운항하기 시작하였다. 도항증명서 제도가 1922년 12월에 철폐되면서 '자유도항제'가 되자, 일본으로 도항하려는 조선인 노동자는 급격하게 증가였다. 일본으로 도항하려는 조선인들로 북새통을 이루는 부산항과 시모노세키항에는 급기야 "목적도 없이 내지(일본)로 도항하지 말 것"이라는 표찰이 조선인협의회의 발안으로 세워지기도 했다. 그리고 앞서 본 바와 같이 일본으로 도항하는 조선인들의 추천을 위한 어용단체인 '상애회', '노동공제회'가 부산에 설립되어 기능하고 있었다. [표 3-1]에서 보았듯이 1921년에는 5,701명이었던 재일조선인의 수는 이듬해에 약 네 배에 달하는 23,989명까지 증가한다. 이 제도의 철폐는 표면적으로는 조선인의 불만을 완화시키기 위해 취해진 것으로 알려지고 있다.

사실 '내선일체', '일시동인' 등을 선전하던 일본 측에서 본다면, 같은 '황국신민'인 일본인은 관헌의 허가증 없이도 조선과 일본을 왕래할 수 있었지만, 조선인은 관헌의 허가 없이는 불가능하다는 모순을 은폐하기 위해서였음을 생각할 수 있다. 그러나 부관연락선상의 조선인은 여전히 일본 치안 당국의 단속 대상자였음을 생각한다면, 또 다른 이유가 있다고 생각하지 않을 수 없다. 그것은 다름 아닌 조선에서 몰락한 농민에게 활로를 열어주어 제국 일본으로의 공격성을 완화시킴과 동시에, 일본 국내에서도 불황 대책으로서 각 기업이 보다 저렴한 임금으로 일할 수 있는 노동자를 구하고자 하는 문제를 조선 노동자 모집으로 해결하려는 저의가 있었기 때문으로 생각된다.

1923년 1월에 김상옥이 종로경찰서에 폭탄을 투척하고 일본 경찰관을 살해하는 의열단 사건이 발생했다. 조선에서는 불황과 함께 '자유도항제'를 시행한 결과 많은 노동자들이 일본으로 유출되고 있었으므로, 일본 정부는 이들에 대한 엄중한 경계는 물론 사상적인 교육까지 고려해야 하는 상황에 처하였다. 보다 근본적인 것은 내지가 조선보다 생활상 유리한 조건이었다는 점에 있다는 것은 일본의 관료들도 주지하는 바였으므로 강제적인 방법 외에는 이들에 대한 조절 방법이 없었다고 하겠다. 하지만 의열단 사건 이후 더욱 강화된 일본 당국의 도항 규제와 감시에도 불구하고 빈곤에서 활로를 찾으려는 수많은 조선인들이 일본으로 이입하였다. 이러한 현상에 대하여 조선총독부의 야지마(谷島) 사회과장은 조선인의 내지 도항의 근본적인 원인을 조선과 내지와의 경제적 격차에 있다고 지적하였으며, 일본의 내무성 사무관인 오쿠보 도메지로(大久保留次郎)도 도항증명서 철폐 후 내지로 도항하는 수많은 조선인들의 문제를 해결하기 위해서는 근본적으로 노사를 조절할 방법이 연구될 필요가 있음을 지적하였다.

1923년 9월 1일에 관동지방 일대를 대지진이 강타하자, 학살을 피하려는 조선인들로 시모노세키는 대혼란에 빠져들었다. 반대로 부산항에는 친족의 안위를 걱정하며 도일하려는 조선인들로 북새통을 이루었는데, 이때 내무성을 중심으로 하는 일본의 치안 당국과 조선총독부는 서로 다른 입장에서 조선인에 대한 철저한 도항 규제를 필요로 하였다. 전자의 경우는 조선인 학살로 일본 사회가 혼란스러운 상황에서의 조선인 내지 도항은 더욱 혼란을 가중시킬 것으로 보고, 내지의 질서 유지와 조선인

보호라는 명목으로 9월 8일에 "조선인의 일본행 금후 절대불능, 일본 경찰 당국의 통달로 어떠한 자도 가지 못한다"고 하며, 조선인의 도항을 전면금지하면서 시모노세키에서의 하선금지 조치를 취하였다. 이때 조선총독부의 마루야마(丸山) 경무국장도 조선인의 내지 도항 제한이 결국은 조선인 보호를 목적으로 하는 것이라는 담화문을 발표하는 등 조선인의 도일을 극력 저지하려 하였다. 하지만 총독부의 입장은 조선인학살사건의 실상이 조선에 전해지게 되면 곧 조선인의 저항으로 이어져 총독부의 식민 통치에 악영향이 미칠 것을 우려하여 전자와 마찬가지로 철저한 제한과 함께 끓어오르는 조선인의 감정을 무마하기 위한 선무적인 입장을 취하였던 것이다.

실제 총독부는 조선인에 대한 내지 도항의 철저한 규제는 물론 당시 부산에서는 귀향하는 조선인 피난민의 감정을 무마하기 위해 조선총독부 고관 부인들로 구성된 '봉사단'까지 동원하는 등 부산항에서 피난민들의 감정 무마에 나섰으며, 회유에 전력하였다. 이처럼 일본 정부는 제국과 식민지의 유일한 연결 수단이었던 부관연락선의 조선인 승선을 엄격히 금지함으로써 제국의 통치를 위한 정보 통제를 꾀하였던 것이다. 약 3개월 동안에 걸친 도항 전면금지 조치는 12월 19일에서야 처음으로 경찰의 증명을 받은 조선인 45명을 태운 도쿠주마루가 부산항을 출발하면서 해제되기는 했으나, 여전히 엄격한 도항 금지 정책으로 인하여, 지극히 한정된 경찰이 증명하는 자에 한해서만 도항이 허락되었다.

불황이라는 경제 상황하에서 조선인 노동자들이 대거 일본으로 이주해 오면 일본의 실업 문제는 더욱 심각해진다. 1924년 2월에 일본의 내무성은 기존의 자유도항제를 폐지하고, 조선인이 일본에 도항하기 위해서는 관헌(경찰)의 허가서를 소지할 것을 의무화하는「조선에 대한 여행 증명서 건」을 발령하였다. 동년 6월에 관동대지진으로 인한 도항 금지는 해제되었지만 도항 허가는 일본 국내의 기업에 취직이 결정된 조선인, 즉 취로증명서를 제시하는 조선인에 한해서 주어졌다. 하지만 일본의 기업은 저임금 노동자를 확보하여 불황을 타개하려 했으므로 조선인 노동자 모집에 집착해, 일본 정부가 의도한 조선인 노동자에 대한 일본으로의 도항 저지는 실패로 돌아가고 말았다.

결국 일본 정부는 새로운 도항저지책을 내놓게 되는데, 이는 노동자 모집의 허가 조건을 보다 엄격하게 한 것으로, 일본어를 못하는 자나 소지금을 필요 여비 외에 10엔 이상 소지하지 않으면 허가를 않는 등의 기준을 마련하고 미 해당자는 부산에서 승선시키지 않는다는 조치였다. 이러한 도항저지책 강화로 1925년 10월부터 이듬해 12월까지 도항증명서 불비, 노동자 모집 조건에 부적격, 소지금 부족 등의 이유로 무려 145,000여 명이 부산에서 승선을 금지 당하였다. 이 수는 1926년에 일본 도항이 허가되어 건너간 조선인의 무려 1.5배에 달하는 수로, 그 철저화의 정도를 가늠하게 한다. 또 하나는 조선 내에서의 사업을 일으켜 도일 희망 노동자를 유도하는 정책이었다. 예를 들면 경상남도의 수리사업과 함경남도의 수력발전소 건설 사업 등에 조선인의 노동자를 유도하는 등 조선의 각 지역의 관헌이 취로를 알선함으로써 일본 도항을 저지하고자 했는데, 이는 실제 내지로의 도항억제정책과 함께 효과를 거두어 1925부터 약 1년 동안 40퍼센트를 감소시키는 효과를 보았다.

그러나 이러한 일본 측의 조선인 도항 저지를 위한 고육지책에도 불구하고 한반도 내에서 활로를 잃은 몰락 농민은, 때로는 밀항이라는 비합

법적인 다양한 방법을 통하여 일본으로 도항하기도 하였다. [표 3-2]에서 보듯이 일본으로의 조선인 도항자 수는 1927년 이후 서서히 회복세를 보이면서 29년까지 급속하게 증가하기에 이른다. 즉, 이는 제국 일본의 도항 억제정책이 제대로 기능하지 못하였음을 보여주는 증거라고 할 수 있다.

**[표 3-2] 조선인 일본 도항자 수 및 조선귀환자 수**

| 연도 | 도항 | 귀환 | 연도 | 도항 | 귀환 | 연도 | 도항 | 귀환 |
|---|---|---|---|---|---|---|---|---|
| 1917 | 14,012 | 3,927 | 1927 | 138,016 | 93,991 | 1937 | 118,912 | 115,586 |
| 1918 | 17,910 | 9,305 | 1928 | 166,286 | 117,522 | 1938 | 161,222 | 140,789 |
| 1919 | 20,968 | 12,947 | 1929 | 153,573 | 98,275 | 1939 | 316,624 | 195,430 |
| 1920 | 27,497 | 20,947 | 1930 | 127,776 | 141,860 | 1940 | 385,822 | 256,037 |
| 1921 | 38,118 | 25,536 | 1931 | 140,179 | 107,420 | 1941 | 368,416 | 289,838 |
| 1922 | 70,462 | 46,326 | 1932 | 149,597 | 103,452 | 1942 | 281,673 | 268,672 |
| 1923 | 97,395 | 89,745 | 1933 | 198,637 | 113,218 | 1943 | 401,059 | 272,770 |
| 1924 | 122,215 | 75,430 | 1934 | 175,301 | 117,665 | 1944 | 403,737 | 249,888 |
| 1925 | 131,273 | 112,471 | 1935 | 112,141 | 105,946 | 1945(1-5) | 121,101 | 131,294 |
| 1926 | 91,092 | 83,709 | 1936 | 115,866 | 113,162 | | | |

자료: 森田芳夫, 『在日朝鮮人処遇の推移と現状』.

일본의 내무성은 내지의 치안 문제라는 시점만으로 조선인의 도항 저지책에 접근했지만, 조선총독부는 몰락 농민이 조선 내에서 유민화하면서 사회 불안의 요소로 이어질 것을 우려하여 이들이 중국 동북부나 일본으로 이주하는 것을 내심 환영하는 입장이었다. 따라서 총독부로서는 형식적인 수속만 갖추어지면 도항 허가를 발급하였다. 이러한 일본 정부와 총독부 간의 식민지 정책의 입장 차이가 결과적으로 일본으로의 조선인 도항자를 가중시켰던 것이다.

1928년부터는 거주지 관할 경찰기관에 의한 호적등본에 이서증명

(裏書證明)을 필요로 하게 되었다. 그리고 일본에서 일시 귀향을 희망하는 조선인의 경우에도 취업처를 관할하는 경찰서의 증명이 필요하였는데, 이는 재도항을 제한하기 위한 조치에서 나온 것이었다.

1929년 세계대공황의 타격을 받은 일본에서 조선인 노동자는 우선적으로 해고 대상이 되었는데, 이는 어떻게든 내지인에게 일거리를 부여하려는 일본 정부의 고육지책의 결과였다. 같은 해 9월의 일본 내 실업률을 보면, 조선인은 13.30퍼센트인데 비해 일본인은 4.07퍼센트, 1930년 9월은 조선인이 13.30퍼센트, 그리고 일본인이 5.59퍼센트로 약 세 배의 차이를 보이고 있다는 사실에서 알 수 있을 것이다.

세계공황으로 인한 일본 내 실업률의 증가와 함께, 1931년에 만주사변이 발발한 이후 조선인의 일본 도항을 비롯한 해외 유출이 급증하자, 일본 당국은 이에 대한 엄격한 규제와 단속 조치를 취하기에 이른다. 특히 이듬해 사쿠라다몬(櫻田門)에서의 이봉창 의거, 상하이 홍커우공원에서의 윤봉길 의거 등이 발생하자, 일본 내무성은 일본으로 이입하는 조선인에게 전원 관할지 경찰서에서 발행하는 신분증명서를 소지하도록 하는 등의 특별 경계를 실시하기에 이른다.

1934년 내무성사회국, 경보국, 척무성, 조선총독부 등의 고관들의 회의가 열렸다. 회의 내용은 다름 아닌 이미 십만에 달하는 재일조선인과 계속적으로 이주해 들어오는 조선인 문제를 해결하기 위한 국가적인 종합대책을 수립하기 위한 것이었다. 대책회의 결과 '조선인 이주 대책건'이 1934년 10월에 각의 결정으로 승인되었다. 이 '조선인 이주 대책건'은 조선 내의 몰락농민의 도일저지책과 재일조선인 대책이 주된 것이었다. 전자에 대해서는 "인구가 조밀한 지방의 인민을 만주로 이주시켜 내지 도항을 일층 감소하는 것이 긴요하다"라고 하며, 새로운 식민지 만주에 활로를 찾지 못하는 조선의 빈민을 개척민으로서 투입함으로써 조선 내의 몰락 농민을 일소함은 물론, 만주의 식산과 국방에도 이용하려는 정책이었다. 조선총독부는 각의결정에 따라 패전까지 수십만 조선인을 만주개척단으로 송출했다. 이러한 일본으로의 도항저지책은 성과를 거두어 1934년에 175,000여 명의 도항자가 이듬해에는 112,000여 명으로 무려 63,000여 명이나 감소하였는데, 결과 도항을 희망하는 조선인의 약 60퍼센트가 도항을 저지당하는 초유의 사태가 발생하였다. 이러한 조선인에 대한 도일 저지는 그 출발지가 되는 부산은 물론 조선의 사회적인 문제로 비약될 조짐을 보이기 시작했다고 하겠다.

물론 만주 이민은 일본인에게도 해당되었는데, 20년간 500만 명을 이주시킨다는 계획으로 그 목적은 소련에 대한 작전상 병참기지 확보와 오족협화(五族協和)를 표방하는 만주국의 중핵으로 일본 민족을 진출시키고자 함에 있었다. 게다가 무엇보다 중요했던 것은 결식아동 등이 속출하는 긴박했던 당시 일본 농촌으로부터 인구 솎아내기를 전개하는 데 있어서 돌파구이기도 했던 것이다.

## 5. 곤고마루 · 고안마루 시대

1936년 11월 16일과 이듬해 1월 31일에 7,000톤급 곤고마루(金剛丸) · 고안마루(興安丸)가 각각 취항하면서 대형 연락선 시대가 되었음은 물론, 운항 시간도 7시간으로 단축되었다. 일본에서는 일찍이 1929년에 제61회 의회에서 5,500톤급 부관연락선 건조안에 대한 예산이 가결되었으나, 뉴욕의 월가에서 시작된 사상 최대의 세계대공황으로 재정 상황이 악화되면서 건조가 일시 중지되었던 적이 있었다. 그러나 1936년 3월에 남조선철도(私鐵)가 조선총독부 관리하에 놓이게 되자 여관연락선(麗關連絡船)도 조선총독부 관리하에 들어가게 되었다. 또한 조선총독부는 선박을 가와사키기선과 미쓰비시에 위임 계약하는 형태로 보다 신속한 여객 수송과 물류 운반을 추진하였다. 이러한 조선총독부의 부관연락선 운항권을 탈환하기 위한 적극적인 움직임은, 재정 문제를 이유로 증선·증편에 부정적이던 철도성의 소극적인 부관연락선 운행 방식에 대한 도전으로 받아들여졌으며, 이에 자극을 받은 철도성이 집중하는 수송량의 증대에 대응한다는 명목으로 대형 연락선 시대로 돌입하게 된 것이다.

실제 1935년에 조선총독부는 철도성에 부관연락선 양도론을 제시한 적이 있다. 내용은 절대적으로 부족한 부관연락선의 수송 능력을 제고하기 위한 증편·증설 주장이었다. 재정 문제로 이를 거부하는 철도성에 대하여 만주국 건설과 함께 당시 최전성기를 맞이한 조선총독부 철도국이 5시간 고속선을 건조할 계획을 내세우며 부관연락선의 운영권을 조선총독부에게 양도할 것을 주장한 것이었다. 결국 당시 제국 일본의 철도연락선 중에서 유일한 흑자 노선이었던 부관연락선을 놓치고 싶지 않았던 철도성은 8천 톤급의 새로운 조선을 건조한다는 계획으로 대응하였고, 그 결과가 바로 초대형 여객선인 덴잔마루와 곤론마루였다.

이듬해 중일전쟁이 발발하면서 부관연락선의 수송량은 급격히 증가하였다. 중일전쟁의 전면화로 일본 국내에서는 심각한 노동력 부족 상황까지 발생하였다. 그럼에도 불구하고 조선인에 대한 내지 도항저지정책이 계속되는 데 대하여 일본 내부에서는 불만과 함께 부족한 노동력을 보충하기 위해 조선인의 도항을 허가해 줄 것과 도항저지정책을 완화해 줄 것을 진정하는 상황이 발생하기에 이르렀다. 예를 들면 1937년 2월에 온가(遠賀)군의 농회에서는 조선인 노동자의 도항을 허가해 줄 것을 진정하면서 궐기대회를 벌이는 등 일본의 전국 각지에서 노동력 부족으로 정체된 토목사업을 위한 응급책으로 조선인의 노동력을 유입하여 보강해 줄 것을 요망함과 동시에 조선인 도항 완화를 진정하는 요구가 분출되기에 이르렀다. 이러한 상황은 조선총독부 내에서도 마찬가지였다. 1938년 9월 6일부터 조선총독부 시국대책조사회 제1분과회(사회문화관계담당) 겸임위원으로 참석했던 친일파 금융자본가인 현준호는, 일본 정부의 내선일체정책의 불철저가 내선 차별 대우에서 기인하는 조선인들의 반감에 있음을 지적하면서, 부관연락선을 이용하는 조선인들에 대한 도항증명서 제도를 철폐해야 한다고 주장하였다. 이러한 현준호의 언동이 자칫 민족적 입장을 취하는 것으로 보일 수도 있지만, 이는 당시 친일파들의 대부분이 확고한 내선일체 관철에 의해 일본인으로 대우받기를 바랐던 수준과 전혀 다를 바가 없는 것이다.

조선인에 대한 내지 도항 저지가 해제되지 않은 상황에서 이처럼 내지의 부족한 노동력에 대한 수요가 증폭되자, 결국은 비합법적인 방법의 조선인 내지 도항이 만연하게 된다. 그것은 주로 도항허가증의 위조와 밀항이라는 형태로 표출되었다. 도항증명서의 위조는 한 장에 10엔 이상을 받을 수 있었으므로 다양한 형태의 수많은 위조가 성행하였던 것으로 알려지고 있다. 때로는 일본의 경찰도 관여되었는데, 사가현(佐賀県)에서는 순사가 도항허가증을 위조하여 밀항한 조선인들에게 판매한 혐의로 징계처분을 받는 사건이 발생하기까지 했다. 조선총독부와 일본 정부는 이를 단속하기 위해 경찰력을 증원하는 등의 방법으로 대응하지만, 궁극적인 대응은 될 수 없었다.

결국 일본 정부는 1938년 4월에 국가총동원법을 제정하는 등 대책을 강구하는데, 여기에는 당연히 조선인도 대상이 되었다. 이에 앞서 미나미 지로(南次郎) 총독은 내무대신에게 「조선인의 내지 도항 제한에 관한 건」을 보내어, 중국에 대한 전면전에 즈음하여 "내선 간의 자유 왕래를 위한 방도를 강구하는 것은 시국 상황에서 볼 때 긴급히 필요하다"는 식으로 규제 완화를 요청하였는데, 이에 대하여 내무성 당국은 7월 21일에 규제의 전폐는 곤란하니 일부 완화하겠다는 회답을 하였다. 또 1939년 5월 30일에 미나미 총독은 "내선의 무차별한 평등에 도달해야만 할 것"이라고 하며 자유왕래의 필요성을 강조하고 있다. 이 계획은 1934년 각의 결정으로 조선인 이주를 저지하려 했던 정책 결정이 불과 4년 만에 180도 전환된 것이었다. 즉, 지금까지의 조선인 이입 금지에서 이입 촉진으로 정책이 돌변한 것이다.

1939년 7월에 일본 정부는 「조선인 노무자 내지 이행에 관한 건」을 발령, 조선으로부터 85,000명의 조선인 노동자를 탄광, 광산 등의 기업이 모집하도록 허가했다. 1939년 9월부터 1940년 12월까지 전시에 동원된 조선인은 86,765명으로 이 기간 동안 일본에 거주한 조선인 증가수가 228,853명인 것을 보면, 이외의 일반 도항자도 많았음을 알 수 있다. 모집은 개시되자 처음에는 응모자가 많았으나, 일본에서의 가혹한 노동환경에 대한 정보 등이 전해지면서 응모자가 거의 나타나지 않는 상황이 불과 반년 만에 나타나고 말았다.

하지만 연고자를 매개로 도항하여 평화산업 및 자유노동에 취로하는 조선인이 늘어나자, 이를 제한하고 집단 모집으로 유도하는 조치를 강구하기 시작하였다. 내무성 통계에서 1938년 12월 말 799,878명이었던 일본 거주 조선인의 수가 1940년 12월에 1,190,444명으로 급증한 것만 보더라도 생활자의 논리가 우선이 된 일반적 도일, 즉 연고자를 매개로 한 도항과 전시 동원의 모순에 대한 인위적 조절이 결국은 일본 당국이 생각한 대로 순조로이 이루어지지 않았음을 알 수 있다. 결국 일본 당국은 1941년 2월, 부산에 내무성 경보국 조선파견사무소를 설치함과 동시에 부관연락선 승선에 대한 규제를 대폭 강화하기에 이르렀다. 또한 동년 7월 19일부터는 부관연락선의 여객과 화물 수송량의 증대에 대응하기 위한 고육지책으로 여객선에 탑승시 수화물은 선반에 넣을 수 있는 크기의 것으로 한 사람당 두 개까지 제한하였다.

## 6. 덴잔마루 · 곤론마루 시대

1942년 9월 27일과 이듬해 4월 12일에 8,000톤급의 덴잔마루(天山丸) · 곤론마루(崑崙丸)가 각각 취항하게 된다. 1942년에 일본 정부는 13만 명의 조선인을 연행하는 「노무동원계획」을 입안하였으나, 모집으로는 불가능함을 간파하여 2월에 「반도노동자 활용에 관한 방책」을 각의 결정하고 행정과 경찰력을 동원한 강제적인 노동자 이입 방법을 채용하기로 결정하였다. 이에 조선총독부는 「선인 내지이입 알선요강」에서 직업소개소(1941년에 설립된 조선노무회)를 경유하는 방식을 취하면서 전개하였다. 말하자면 모집 허가를 받은 일본인 사업주를 위하여 지정된 지역의 노동자를 징모한 후, 일정한 훈련 과정을 거쳐 단위별 조직으로 편성하여 넘겨주는 형태를 취하는 것이었다. 그리고 강원도와 황해도를 포함하는 9개 도로 모집을 확대하고 금속, 항공기, 화학, 운수 등의 업종으로 확대하였다.

1943년 8월에 조선에서의 징병제 실시와 동시에 해군도 특별지원병제도를 실시했으며, 이듬해 10월에는 내지와 같이 학도지원병제도를 실시하였다. 전황이 악화되는 가운데, 일본 정부는 조선에 대해 노무동원 강화와 병행하여 전시요원 제공, 식량 증산과 공출 강화, 각종 세금의 증징 등 급박한 진시대책을 강행하였다. 이처럼 조선인 노동자의 자유 도항을 억제한 강제동원은 부관연락선을 국제여객선이 아닌 '전시노예선'으로 전환시켰다. [표 3-3]에서 보듯 자유 도항을 규제한 상태에서 동원된 노동자 수만 38만 명에 육박하는데, 이는 [표 3-2]의 같은 해 부관연락선을 이용한 조선인 일본 도항자 수인 약 40만 명의 거의 95퍼센트에 달하는 것을 감안한다면 충분히 입증될 수 있을 것이다.

**[표 3-3] 일본으로 '수출된' 조선인 노동자(단위: 명)**

| | 석탄광산 | 금속광산 | 토건 | 항만인부 및 운수 | 공장 그 외 | 계 |
|---|---|---|---|---|---|---|
| 1939 | 24,279 | 5,042 | 9,479 | - | - | 38,800 |
| 1940 | 35,441 | 8,069 | 9,898 | - | 1,546 | 54,954 |
| 1941 | 32,415 | 8,942 | 9,563 | - | 2,672 | 53,592 |
| 1942 | 78,660 | 9,240 | 18,130 | - | 15,290 | 121,320 |
| 1943 | 77,850 | 17,075 | 35,350 | - | 19,455 | 149,730 |
| 1944 | 108,350 | 30,900 | 64,827 | 23,820 | 151,850 | 379,747 |
| 계 | 356,995 | 79,268 | 147,247 | 23,820 | 190,813 | 798,143 |

자료: 「朝鮮経済統計要覧」(1945년판)

일본 정부의 「결전비상조치요강」에 따른 여객 수송 제한으로 운수성은 1944년 4월 1일부터 여러 여행 제도를 시행, 부관연락선 이용에 다시금 도항증명서가 필요하게 되었다. 따라서 동년 11월까지는 재일조선인이 조선으로 귀환하려면 당국이 발행하는 '일시귀선증명서'가 필요했다. 처음에는 일반인의 협력을 얻어 낸다는 취지하에서 각 역내에 여행조정소를 설치하였는데, 증명서를 발급하며 사적인 용도의 여행을 가급적이면 자숙할 것을 유도하기도 하였다. 그러나 이러한 제한 조치로는 전혀 여행 신청자가 줄지 않았고, 시모노세키역에서는 오히려 조선으로 귀국하려는 자들의 증명서를 발급받기 위한 행렬이 매일같이 이어졌다. 신청의 내용을 보면 공무 여행이 가장 많았으며, 그 다음으로는 건강상의 이유가 단연 많았다. 즉, 일본 내 조선인들은 대부분이 건강상의 문제를 이유로 도피의 길을 선택했던 것으로 생각된다. 결국 이를 저지하기 위해 일본 정부는 다시금 도항증명서 발행을 경찰서로 이관하는데, 이 제도도 급박하게 돌아가는 전시하의 경찰서 업무를 과중하게 만드는 요인으로 작용하면서 실패하고 만다.

패색이 짙어진 1944년 12월 22일에 각의 결정으로 「조선 및 대만동포에 대한 처우 개선」의 여덟 개의 항목 중에 두 번째 '내지 도항제한 제도의 폐지'가 있다. 이러한 결정의 배후에는 동년 7월 18일에 도조(東条) 내각이 총사직한 후, 조선 총독을 역임한 고이소(小磯) 내각 조직이 일정 정도 연관되어 있었다. 즉, 고이소 내각에는 다나카 다케오(田中武雄) 정무총감이 내각서기장으로, 단게 이쿠타로(丹下郁太郎) 경무국장이 내각참여로 취임하는 등 말하자면 조선에 대한 정보가 많은 이른바 총독부 수뇌들이 내각에서 가장 중요한 위치에 대거 포진하게 된 것이다. 결국 총독부 측이 그간 생각해 오던 도항 제한과 참정권 문제 등을 해결하기 좋은 상황이 된 것이다. 결국 조선인에게 내지 도항 제한이 폐지된 것은 1945년 3월부터였다. 표면상의 이유는 병역과 징용의 의무는 일본인과 마찬가지로 부과하면서 국민으로 처우하지 않는 데 대한 조선인의 불만을 완화하기 위해서였다 한다. 하지만 사실은 이미 노동력이 바닥 상태였던 일본 정부로서는 조선인의 일본 도항은 도리어 환영할 일이었으며, 규제할 필요가 없었다고 하겠다. 조선인의 입장에서 본다면 너무나도 늦은 결정으로 기만적인 정책이 아닐 수 없었다.

결과적으로 이러한 자유도항제의 시행은 일본의 내무성 당국이 의도한 것, 그리고 총독부가 의도한 것과는 정반대의 결과를 초래했다. 공습과 식량 부족이라는 상황이 조선인들에게 절호의 도피기회가 되었기 때문이다. 일본 당국은 중요한 노동력을 잃지 않기 위해 황급히 조선인의 귀국 저지에 나서지 않을 수 없게 되었다. 결국 1945년 6월에 일본과 조선을 이어주던 대동맥 부관연락선은 운항이 완전히 정지되었고 패전까지 조선으로의 공식적인 항로를 통한 이동은 불가능하게 되었다.

## 7. 나오며

이상에서 확인한 바와 같이 고조되는 일본의 식민지 개발 열기에 현실적으로 부응하며 1905년 9월 11일에 처음으로 운항한 부관연락선 이키마루·쓰시마마루는 1913년에 고마마루·시라기마루, 1922년에 게이후쿠마루·도쿠주마루·쇼케이마루, 1936년에 곤고마루·고안마루, 1942

년에 덴잔마루·곤론마루 등으로 점차 수송량과 운항속도가 확대 강화되면서 1945년 6월에 운항 정지되기까지 약 40년간 부산과 시모노세키를 왕복하면서 [표 3-4]에서 보듯 실로 3,000만 명을 넘는 사람들을 왕래시켰다. 부관연락선은 제국 일본의 조선에 대한 식민지 지배의 정책적, 사회적 영향을 가장 민감하게 반영하면서 대륙 진출의 대동맥으로서 기능했다고 할 수 있을 것이다.

특히 부관연락선은 여객 수송이 중심이었으며, 그 비율은 90퍼센트 전후에 달하였다. 수송 여객의 내용을 보면, 1910년 이전의 초기에는 일본인이 많았지만, 합방과 함께 일본에서 외국인 노동자 입국제한법의 적용을 받지 않게 되면서 노동자를 중심으로 점차 일본으로 도항하는 조선인이 증가하였다. 이와 함께 일본 내무성은 조선인의 도항에 대한 감시체

[표 3-4] 부관연락선 인원수송 실적(단위: 명)

| 연도 | 여객 | 연도 | 여객 | 연도 | 여객 |
|---|---|---|---|---|---|
| 1905 | 약 35,000 | 1919 | 431,776 | 1932 | 643,008 |
| 1906 | 약 95,000 | 1920 | 442,027 | 1933 | 743,421 |
| 1907 | 약 112,000 | 1921 | 464,915 | 1934 | 769,648 |
| 1908 | 약 116,000 | 1922 | 563,107 | 1935 | 814,230 |
| 1909 | 120,466 | 1923 | 576,745 | 1936 | *899,688 |
| 1910 | 148,254 | 1924 | 628,036 | 1937 | 1,029,201 |
| 1911 | 175,502 | 1925 | 598,174 | 1938 | 1,353,993 |
| 1912 | 200,674 | 1926 | 583,011 | 1939 | 1,793,059 |
| 1913 | 197,403 | 1927 | 688,645 | 1940 | 2,198,113 |
| 1914 | 192,153 | 1928 | 711,332 | 1941 | 2,200,845 |
| 1915 | 199,201 | 1929 | 729,243 | 1942 | 3,057,092 |
| 1916 | 208,746 | 1930 | 625,273 | 1943 | 2,748,798 |
| 1917 | 283,557 | 1930 | 625,273 | 1944 | ** 1,659,500 |
| 1918 | 365,567 | 1931 | 590,164 | 1945 | ** 499,512 |

자료: 広島鉄道管理局, 『関釜連絡船史』

(*표는 『下関市史(市制施行~終戦編)』를, **표는 『鉄道技術発達史』를 참조)

제 정비의 필요성 아래 1910년 9월 「요시찰 조선인 시찰내규」를 정하고, 각 부·현의 지방관들에게 부관연락선을 통하여 도항하는 조선인들의 감시와 단속을 지시하였다.

그러나 일본으로 도항하는 조선인 노동자들을 제한하는 특별한 법적, 정책적인 규제는 없었다. 따라서 제1차 세계대전으로 인한 일본 산업계의 활황과 함께 토지조사사업으로 몰락한 수많은 조선의 노동자들이 일본으로 도항하였다. 1919년 3·1운동은 총독부로 하여금 도항 조선인에 대한 감시 강화 및 일본행을 직접적으로 규제하는 도항증명서 제도를 처음으로 도입하게 하는 계기가 되었다. 그러나 도일 규제에 대한 조선 내의 불만 및 저렴한 노동력을 필요로 하는 일본 기업의 요구가 강화되자 조선총독부는 1922년 12월에 도항증명서 제도를 철폐하고 자유도항제로 정책을 전환하였다. 이듬해 관동대지진 이후 조선인에 대한 도항 규제는 더욱 강화되어 일본에서의 취로, 취업이 결정된 자에 한해서만 도항증이 발급되었다. 하지만 조선의 저임금 노동력을 확보하여 불황을 타개하려는 일본 기업에 의해 조선인의 도항은 계속해서 늘어나는 추세를 막기에는 역부족이었다.

1925년 8월 일본 내무성은 조선총독부에 조선인의 도항을 제한해 줄 것을 요청, 10월에 총독부는 다시 전년의 자격에 일본어 능통자, 필요 여비 외 10엔 이상 소지한 자 외에는 도항을 불허하는 등의 도일저지책을 한층 강화하였다. 1929년 12월에는 일본의 내무성과 척무성, 그리고 조선총독부가 합의하여 도일 조선인을 조선에 유보시키기 위한 수산(授産)사업까지 강구하고 나서기에 이르렀으나 뚜렷한 성과는 없었다. 1934년에 각의에서 결정한 조선인 만주개척단 송출 정책으로 이듬해까지 조선인에 대한 일본 도항자 수를 약 63,000여 명 감소시키는 데 성공하였다. 하지만 1937년 중일전쟁의 영향으로 야기된 일본에서의 노동력 부족 현상은 다시금 조선인 노동자를 필요로 하기에 이르렀다. 결국 1938년 4월 일본 당국은 도항을 저지하는 결정을 불과 4년 만에 경제외적인 도항촉진책으로 전환시키지 않을 수 없었다.

이처럼 자유 도항을 억제한 강제 동원 중심의 도항 정책은 결과적으로 부관연락선을 '전시노예선'이라는 형태로 그 성격을 바꾸어 버렸다. 1944년 4월의 여행증명서는 이전의 조선인에 대한 일본 도항 저지와는 다른, 전시 수송 우선을 위한 여객 수송을 제한하는 데 그 주된 목적이 있었다. 그리고 패색이 만연하는 1945년 3월, 일본 당국은 더이상 자신들에게 필요 없게 된 일본으로의 도항 제한을 전면 철폐하지 않을 수 없었다. 이와 같이 일본 당국의 조선인에 대한 도항 제한은 일본의 노동시장 정책과 밀접하게 연동되는 것이었음을 확인할 수 있었다.

또 하나는 일본의 치안 유지를 위한 도항 제한의 측면이다. 예를 들면 관동대지진, 박열 사건, 이봉창 의거, 윤봉길 의거는 물론, 천황의 즉위와 같은 일본 내에서의 국가적인 행사시에도 어김없이 일본 내무성은 특별규제 조치를 취하면서 일본으로 유입되는 조선인에 대한 감시와 경계를 강화하였던 것을 확인할 수 있었다.

이처럼 부관연락선은 제국 일본의 자기중심적인 폭력성을 전제하며 제국과 식민지의 노동력의 재편성과 재분배를 조절하는 중요한 장치로써 기능하였다. 다시 말해서 부관 항로의 확충과 관리 그 자체는 일본의 대륙팽창 정책을 반영하는 것이며, 앞에서 본 부관연락선에 도입된 선박명 역시 그 팽창 정책을 여실히 상징하고 있다고 하겠다. 그리고 경계해야 할 존재의 방지라는 측면에서 식민지 조선에 대한 '선별적 도일 규제'의 상징적인 장치로 기능하였다. 그 대표적인 정책이 조선인 일본 도항자에 대한 도항증명서 제도였다. 차별을 내포하는 모순된 조선인에 대한 일본으로의 도항규제 정책은 너무나 늦은 일본의 패전 직전인 1945년 3월에서야 철폐되었다.

제국사 연구라는 측면에서 볼 때, 전후 국민국가의 원리에 의해 배제되어 가는 부산과 시모노세키의 기억에 대한 재생은 물론, 제국 판도의 팽창이 야기하는 이민족과의 갈등과 대립을 제국 일본과 식민지 대륙을 넘나들었던 사람들이 만들어 낸 문화에 주목하면서 그려낼 필요가 있을 것이다. 예를 들면 조선총독부(철도국, 교통국)와 철도성 사이의 부관연락선 운영(권)을 둘러싼 갈등은 제국과 식민지라는 단순한 이항대립적인 시야로는 읽어낼 수 없는 부분이다. 또한 부관연락선의 호황과 이를 배경으로 한 일본 내 지역—시모노세키와 고쿠라(小倉)—의 정치적 갈등 및 경제 동향 역시 마찬가지다. 일본 내에서는 비교적 일찍부터 부관연락선의 출입항을 둘러싸고 지역 간의 유치 경쟁이 활발하였다. 그 예로 당시 건설 중이었던 간몬(関門)터널과 고쿠라의 축항이 완성되면 고쿠라가 교통의 중심지가 될 뿐만 아니라, 부산과 일직선 항로로 부관연락선의 운항시간 단축이 가능하다는 국가경제상의 이점 등을 내세우면서 센자키(仙崎) 고쿠라 시장이 오가와(小川) 철도대신에게 진정하는 등 부관연락선 탈취운동을 지역적으로 전개하였던 사실을 들 수 있겠다. 그리고 여객·화물과 함께 부관연락선을 통하여 월경하는 전염병, 예를 들어 콜레라 등을 중심으로 하는 법정 전염병에 대한 제국 일본의 검역망 구축 및 예방행정을 둘러싼 문제 또한 주목되어야 할 부분으로 남아 있다. 이러한 문제들과 함께 한일 지식인의 이국체험에서 등장하는 부관연락선에 대한 검토 등 상당 부분이 앞으로 이루어져야 할 과제로 남게 되었다. 이들 모두가 부관연락선을 둘러싸고 제국이라는 공간 속에서 사람들이 이동하며 만들어 낸 사회문화적인 현상임은 말할 필요도 없을 것이다. 이러한 현상은 제국의 '연쇄'라는 시각에서 분석하지 않으면 제대로 바라볼 수 없는 부분이라 하겠다.

ㅁ 이 글은 『한일민족문제연구』 11집(2006.12.)에 게재한 논문을 수정 · 보완한 것임.

**참고문헌**

김광열, 「戦間期における日本の朝鮮人渡日規制政策」, 『朝鮮史研究会論文集』 第35集, 1997.

김광열, 「1920-30年代 朝鮮人 渡日의 原因」, 『韓日民族問題研究』 창간호, 2001.

김광열, 「1940年代 日本의 渡日韓人 規制政策에 関한 研究」, 『韓日民族問題研究』 제10호, 2006.

손정목, 『일제강점기 도시화과정 연구』, 일지사, 1996.

金賛汀, 『関釜連絡船』, 朝日新聞社, 1988.

朴慶植, 『朝鮮人強制連行의 記憶』, 未来社, 1965.

木村健二, 『在朝日本人の社会史』, 未来社, 1989.

内務省警保局, 「協和事業関係書類」(『季刊現代』, 1974.12.).

『近代日本と植民地 3』, 岩波書店, 1993.

斎藤哲雄, 『下関駅百年』, 新人物往来社, 2001.

高崎宗司, 『植民地朝鮮の日本人』, 岩波新書, 2002.

外村大, 『在日朝鮮人社会の歴史的研究』, 緑蔭書房, 2004.

東洋拓植株式会社, 『東洋拓植会社20年誌』, 1928.

同光会本部, 『朝鮮民政視察報告』, 1923.

西成田豊, 『在日朝鮮の「世界」と「帝国」国家』, 東京大学出版会, 1997.

日本国有鉄道広島鉄道管理局(編), 『関釜連絡船史』,1979.

森田芳夫,『数次から見た在日朝鮮人』,1953.

森田芳夫,『在日朝鮮人処遇の推移と現状』, 法務研究所, 1955.

八木信雄,『日本と韓国』, 日韓文化出版社, 2000.

山本庫太郎,『最新朝鮮移住案内』, 民友社, 1904.

和田八千恵・藤原喜蔵(編),『朝鮮の回顧』, 近沢書店, 1945.

慶尚南道警察部,「内地出稼鮮人労働者状況調査」, 1928.

朝鮮統督府,『関東大震災に於ける朝鮮人問題』, 1924.

『産業労働時報』, 1931.

『釜山商工会議所報』, 1943.

「釜山日報」

「京城日報」

「東亜日報」

「信陽新聞」

「防長新聞」

「京都日出」

「馬関毎日新聞」

「関門日日新聞」

「大阪朝日」

「大阪毎日」

「新播磨」

「関門日報」

「門司新報」

「芸備日日」

「福岡日日」

# 4장 일본의 패전과 부관연락선

최영호

서울역에서 부산으로 향하는 도중의 일본인 귀환자 어린이
출처: 浅野豊美, 『故郷へ』

## 1. 들어가며

여기서는 먼저 부관연락선 항로가 귀환선 항로로 바뀌어가는 과정을 언급하고자 한다. 일본의 패전에 따른 항로의 변화에 주목하려는 것이다. 또한 식민지 시기에 한반도에 거주하던 일본인과 일본에 거주하던 한인 가운데, 패전 직후에 지난날 부관연락선이 운항되고 있던 부산과 시모노세키(下關)의 항로를 이용하여 귀환한 사람들을 중심 대상으로 하여, 그들의 회고에서 나타나는 식민지 지배와 귀환 과정에 관한 기억과 감상을 살펴보고자 한다. 이를 통해 식민지 지배를 경험한 일본인과 조선인들의 타민족 인식과 전후 역사 인식의 일면을 유추하고자 한다.

귀환자 의식을 조사하는 데 있어서 편의상 부산과 시모노세키, 센자키(仙崎) 항로를 통해 귀환한 사람들을 주 대상으로 했다. 이 항로가 식민지기에 정기 연락선의 통행로였던 부관(釜關) 항로의 연장선으로 역사적인 의미를 가지기 때문이다. 이 점은 이 글의 특징이자 한계가 되기도 한다.

## 2. 일본 패전 직후의 부관 항로

### (1) 시모노세키항을 대신한 센자키항

일본 본토와 아시아 대륙을 최단거리로 연결하는 시모노세키와 부산 사이의 항로에는 1905년 정기 연락선이 취항하여 일본의 대륙 진출과 함께 사람과 물건의 이동 수단으로서 중요한 역할을 담당해 왔다. 그러나 패전이 임박하면서 미군의 공습과 어뢰 공격을 받게 되었고 그 결과 1945년 6월부터 정기 연락선의 통행이 중지되었다.[1] 이미 1943년에 들어서 동해안에 미군 잠수함이 출몰하기 시작하자 부관 항로만으로는 일본과 대륙을 연결하기에 취약하다고 판단한 일본은 부산과 하카타(博多)를 연결하는 항로를 보조 항로로 이용하여 연락선 운행을 시작하기도 했다. 그러나 패전에 임박하여 미군의 공습과 어뢰 공격으로 연달아 연락선이 피해를 입자 이 보조 항로에서도 연락선 운행을 정지하기에 이르렀다.[2]

전쟁이 끝나자 본국으로 귀환하고자 하는 일본인과 조선인의 수송이 문제가 되었다. 선박이 지극히 부족한 상황에서 일본 정부는 점령 당국의 양해 아래 부관연락선을 귀환자 수송 선박으로 활용하게 되었다. 다만 연락선의 기지였던 시모노세키를 비롯하여 주요 지역의 항만에는 패전 직전에 미군이 투하한 어뢰가 무수히 부설되어 있었다. 특히 시모노세키 항만에는 각종 어뢰가 부설되어 있었으며 어뢰와 공습으로 침몰당한 선박들이 그대로 방치되어 있었다. 따라서 패전 직후 일본 정부는 우선

1) 金賛汀, 『関釜連絡船 : 海峡を渡った朝鮮人』, 朝日新聞社, 1988, pp.204-205.

2) 広部妥(編), 『鉄道連絡船のいた20世紀』, イカロス出版, 2003, p.93.

시모노세키 항구의 대체 항구로서 하카타와 센자키 항구를 귀환항으로 지정했다. 그 후 예상 외로 귀환자 수가 많아지고 귀환 시기가 길어지면서 점령 당국의 지시를 받아 어뢰가 제거되고 대형 선박의 통행이 가능해진 주요 항구들을 귀환항으로 확대 지정했다.[3)]

필자는 귀환 항로 가운데 부산과 센자키 사이의 항로에 주목하고 싶다. 그것은 무엇보다도 이 항로가 식민지 시기 부관연락선이 통행하던 항로를 전후에 이어받은 것으로 부관연락선의 역사성을 이해하는 데 가장 중요한 항로라고 판단되기 때문이다.

패전 직후 일본열도와 한반도 사이를 이동한 귀환자 수에서 볼 때, 센자키 항구는 하카타에 이어 두 번째로 많은 사람들이 거쳐 간 항구이기도 하다. 한반도에서 귀환하는 일본인의 이용 항로에 관한 정확한 통계는 알 수 없다. 다만 일본인과 한인의 귀환에 관한 연구의 선구자라고 할 수 있는 모리타 요시오(森田芳夫)는 숫자를 통해 항로 이용 상황을 잘 말해 준다. 그는 해운총국의 통계를 이용하여 [표 4-1]과 같이 8월 15일부터 11월 11일까지 귀환한 일본인 268,895명의 항로 이용 상황을 정리하였다.[4)]

또한 모리타는 일본의 후생성 자료를 이용하여 1945년 8월부터 이듬해 3월 말까지 일본에서 한반도로 귀환한 한인들의 통계를 정리한 바 있다. 이들 중 대부분이 부산항을 통해 입항했다고 볼 수 있다. 한인 귀환자 총수 940,438명을 출발지 항구별로 살펴보면 다음 [표 4-2]와 같다.[5)]

3) 広島鉄道管理局(編),『関釜連絡船史』, 日本国有鉄道広島鉄道管理局, 1979, p.117.

4) 森田芳夫,『朝鮮終戦の記録 : 米ソ両軍の進駐と日本人の引揚』, 巌南堂書店, 1964, p.367.

5) 森田芳夫,『在日朝鮮人処遇の推移と現状』(法務報告書 第43集3号), 1955.10., p.67.

[표 4-1] 패전 직후 일본인 귀환자가 이용한 주요 항로(1945년 8월 15일~11월 11일)

| 항로 | 일본인 귀환자 수 |
|---|---:|
| 부산-하카타(博多) | 136,295 |
| 부산-센자키(仙崎) | 126,069 |
| 부산-마이즈루(舞鶴) | 3,785 |
| 진해-하카타 | 1,074 |
| 부산-사카이(境) | 827 |
| 인천-하카타 | 733 |
| 마산-하카타 | 110 |
| 인천-사세보(佐世保) | 2 |
| 계 | 268,895 |

[표 4-2] 패전 직후 한인 귀환자가 출항한 일본 항구(1945년 8월~1946년 3월)

| 출발 항구 | 한인 귀환자 수 |
|---|---:|
| 하카타 | 425,713 |
| 센자키 | 320,517 |
| 하코다테(函館) | 86,271 |
| 사세보(佐世保) | 55,306 |
| 마이즈루 | 25,676 |
| 무로란(室蘭) | 8,579 |
| 사카이(境) | 2,664 |
| 하기(萩) | 2,640 |
| 우라가(浦賀) | 2,540 |
| 니가타(新潟) | 2,323 |
| 오타루(小樽) | 1,865 |
| 후시키(伏木) | 1,499 |
| 우수노우라(臼の裏) | 1,237 |
| 모지(門司) | 1,000 |
| 미이케(三池) | 994 |
| 시모노세키 | 803 |
| 나나오(七尾) | 708 |
| 유노쓰(温泉津) | 103 |
| 계 | 268,895 |

센자키항은 하카타항에 비해 수용시설이 턱없이 부족했다. 센자키항은 하카타항에 비교가 되지 않을 만큼 작은 어항으로, 귀환 원호를 위한 사무소를 마련할 공간이 없어 인양민 사무소가 처음에는 주변 사찰 등에 분산되어 업무를 수행하다가 1946년 1월부터 초등학교 강당에 통합사무소를 설치했다. 또한 조선인과 일본인 귀환자 수용소 건물은 육군 창고를 개조하고 일부 신축하여 사용했다.[6)]

그런데도 패전 직후 9월에는 오히려 하카타항보다도 센자키항이 더 많은 귀환자들을 받아들였던 것으로 나타나고 있다. 일본 정부의 귀환 업무 담당부서인 인양원호청 통계에 의하면, 1945년 9월에 일본인 귀환자를 수용한 통계로, 센자키가 78,134명, 하카타가 53,071명이었다.[7)] 한편 하카타 항구의 한인 송출 현황을 보면 하카타 인양원호국의 통계에서 45년 9월만 정리한 것은 없고 11월 말까지의 포괄적인 통계가 나와 있다. 따라서 11월 말까지 센자키와 하카타의 한일 송출 상황을 비교해 보면, 센자키가 204,697명인데 비하여 하카타는 197,479명이었다.[8)]

다른 지역 귀환자에 비해서 한반도와 일본열도 사이의 귀환자들이 상대적으로 이른 시기에 귀환했던 것에 비추어 볼 때, 한일관계사에 있어서 센자키항구는 귀환항으로서 중요한 의미를 지닌다고 할 수 있다.

센자키는 한반도로부터 가장 가까운 거리에 있어 오랜 옛날부터 인

6) 厚生省仙崎引揚援護局,『仙崎引揚援護局史』, 厚生省仙崎引揚援護局, 1946, pp.16-21; 최영호,「引揚援護局 자료에 나타난 仙崎에서 귀환하는 조선인」,『한일민족문제연구』 7호, 2004.12., pp.259-261.

7) 引揚援護庁長官官房総務課記録係(編),『引揚援護の記録』, 引揚援護庁, 1950(資料), p.86.

8) 厚生省仙崎引揚援護局,『仙崎引揚援護局史』, p.26; 博多引揚援護局,『局史』, 博多引揚援護局, 1946, p.81.

적인 왕래가 많았던 곳으로 알려지고 있으나 수심이 깊지 않은 관계로 자그마한 어촌 항구로 사용되어 왔다. 다만 진입 항로에 우뚝 자리를 잡고 있는 오미지마(青海島)가 천연 방파제가 되어 주어 언제나 잔잔한 수면을 유지하고 있다. 이러한 자연 조건 때문에 전시 중에는 군수물자를 수송하는 기지로 활용되기도 했다. 그러나 대형 선박은 항구에 직접 접안할 수 없었기 때문에 외항에 정박한 후 작은 배에 나누어 실어 물자와 승객을 승선시키거나 하선시켜야 했다.

패전 직후 센자키 인양원호국 출장소에 근무하면서 원호국의 역사를 집필했던 하기와라 신타로(萩原晋太郎)는 그의 저서에서 패전 직후 시모노세키와 센자키의 귀환 움직임에 대해 다음과 같이 회고하였다.[9)]

> 8월 15일 이후 귀국을 희망하는 조선인들이 일본 각지에서 연일 시모노세키로 쇄도했다. 많은 날은 하루에 만 명에서 2만 명에 달하기도 했다. 시모노세키는 공습의 피해가 컸다. 항구에는 미군이 투하한 어뢰와 일본군이 부설한 어뢰 · 잠수함 방어 그물이 방치되어 있었다. 선박 출입은 불가능했다. 승선을 기다리던 조선인들은 역 부근 폐허가 된 곳에 운집했다. 야마토마치(大和町) 외곽에 100채 이상의 판자집 음식점과 많은 상점들이 생겨났다. 와카마쓰(若松)에서 밀선이 출항한다는 소문을 듣고 한국인들은 와카마쓰로 몰려가기도 했다.
>
> 이윽고 남한을 향하여 귀환선이 센자키에서 출항하기로 결정되었다. 조선인들은 귀환선의 편도로 귀국할 수 있게 되었다. 시모노세키에서 센자키로의 대이동이 시작되었다. 수만 명이 센자키에서 노숙했다. 야마구치현은 5천 명을 수용할 수 있는 판자로 된 대합소를 만들었다. 부두 근처의 광장에는 거적을 걸어놓은 상점들이 늘어섰다. 조잡하긴 하지만 번화가가 만들어졌다.

9) 萩原晋太郎, 『さらば仙崎引揚港』, マルジュ社, 1985, p.65.

한편 일본 패전 직후 부산항의 선박 운항 상태를 살펴보자. 일본 패전 당시 부산지방교통국장을 역임한 다나베 다몽(田辺多聞)은 부산항 교통 상황에 관한 일지(日誌)를 남겼다. 패전에 즈음하여 그는 다음과 같이 기록하였다.10)

(8월 15일) 이 날도 밤 0시 반쯤 전투 준비 경보가 발령되었다가 약 1시간 만에 해제되었다. 잠깐 꾸벅꾸벅 졸고 있었는데 6시 뉴스에서 오늘 정오 중대한 뉴스를 발표한다 했다고 비서가 전해왔다. 이 때 중대 뉴스가 무엇일지 예측해 보았는데 일억 신민 모두가 죽음으로 본토 결전에 임하자고 하는 것이거나 아니면 항복하겠다는 것, 이 두 가지 예상이 머리에 떠올랐다. 왠지 다분히 항복하지 않을까 하는 예감이 앞섰다. 정오가 되자 범일정(凡一町)에 있는 부산지방 교통국장실에 간부들이 모두 집합하여 중대 뉴스를 들었다. 옥음(玉音) 방송이라고 하니 전례가 없는 일이고, 모두가 이것은 다분히 항복에 관한 발표일 것이라는 마음가짐을 갖고 들었다. 따라서 모두 큰 충격을 받은 것 같지는 않았다. 나도 '아, 잘 됐다' 하고 가슴을 쓸어내리고 싶은 것이 솔직한 심경이었다. 곧바로 본부에 전화를 걸어 대책을 논의하고 오후 3시에 교통국 직원 전원을 소집시켜 중대 뉴스 내용을 전달하고 금후 자중하면서 지시를 기다리도록 훈시했다.

(8월 16일) 본부의 지시를 기다리고 있는데 본부로부터 종전(終戰) 후 첫 번째 연락이 왔다. 그런데 일본 내지로 출항할 수 있는 기범선(機帆船)이 없는가 하는 문의였기 때문에 나는 어리둥절했다. 총독의 부인 일행이 하루 빨리 귀환하려는 것이었다. 한편 패전이 되지 이러한 정황 아래에서 당연히 일어날 수 있는 유언비어가 난무했다. 우선 경성(京城)에 소련군이 입성했다느니, 인천에 미군 군함이 입항했다느니, 연합군 사령관이 호텔에 들어왔느니 하는 등의 소문이 들리기에 본부에 알

10) 田辺多聞, 「終戦前後の釜山地方交通局管内事情」, 鮮交会(編), 『朝鮮交通回顧録 : 終戦記録編』, 鮮交会, 1976, pp.251-252.

아본 결과 모두 헛소문이라고 했다. 그러나 경성 역전에 벌써 민중들의 대규모 시위가 일어나 불온하다고 한다.

(8월 17일) 오늘밤부터 부산의 등화관제가 해제되었다. 전쟁 개시 이래 4년 만에 처음으로 부산 주변의 구릉지대와 시가지의 깜박깜박 빛나는 야경을 접하고 마음 속 깊이 승전의 결과가 아닌 상태에서 이 아름다운 풍경을 바라보는 슬픔을 맛보았다. 오늘 총독의 부인 일행이 비밀리에 부산에 도착했다. 이들은 도청에서 수배한 기범선에 산처럼 많은 짐들을 싣고 일본으로 향했다. 그런데 이날 악천후 때문에 바람과 파도가 심했다. 고물 선박에 짐을 너무 많이 실었기 때문에 영도 섬 해역에서 침몰할 뻔했다. 하는 수 없이 짐들 대부분을 바다에 내던져 배를 가볍게 한 후 구사일생으로 부산에 돌아와서 곧바로 경성으로 되돌아가는 웃지못할 사건이 있었다. 종전 직후 민심이 동요하여 총독부 수뇌부의 동향을 주의 깊게 관찰하고 있는데 이러한 수뇌부의 태도는 관민 대다수의 심한 격분을 샀으며 총독부에 대한 신뢰감은 땅에 떨어졌다. 오늘 처음으로 일본 귀환자들을 위한 선박 문제에 대하여 관련 부처와 회의를 열었다. 종전에 임하여 부산항에는 관부연락선이 한 척도 없다. 속히 입항하도록 히로시마 철도회사와 교섭했다.

### (2) 귀환선으로 변모한 부관연락선

일본의 점령 당국에 의해 귀환 업무가 체계화하면서 귀환자 수송 선박에 대한 관리도 체계화되어 갔다. 점령 당국 가운데 귀환 업무와 관련된 중요한 기관으로서는 참모 3부의 인양과(引揚課, Repatriation Division)와 참모 2부의 일본연락부(Japanese Liaison Office), 그리고 미태평양 함대 관할의 일본선박관리부(SCAJap)를 들 수 있다. 이 가운데 일본선박관리부가 귀환선 관리를 담당하게 되었다. 부산항과 일본의 항구를 잇는 항로에 귀환 선박으로 사용된 것 가운데 2천 명 이상을 운반할 수 있는 비교적 큰 선박으로 고안마루(興安丸), 도쿠주마루(德壽丸), 운젠마루(雲仙丸), 하쿠류마루(白龍丸), 조하쿠마루(長白丸) 등이 있다. 다음 [표 4-3]은 남한의 미군정 당국의 난민과 과장이던 윌리엄 게인(William J. Gane)이 1945년 9월 27일부터 이듬해 1월 15일까지 부산항과 일본을 왕래한 귀환 선박 상황을 정리한 것이다. 그는 고안마루 등 확인된 귀환선 19척이 273차례 왕복 운행했으며, 미확인 선박 114척이 203차례 왕복 운행했다고 밝혔다. 게인이 선박 명칭에 대해 잘못 표기한 것은 나중에 모리타가 바로 잡았다.[11)]

[표 4-3]에 의하면 이 기간 동안 도쿠주마루가 총 40회를 항해하여 가장 많이 운항했으며, 그 다음으로 고안마루가 총 32회를 운항한 것으로 되어있다. 승선 인원의 규모면에서 가장 큰 선박은 6,500명을 수용할 수 있는 고안마루였으며, 한반도와 일본 열도 사이를 총 32차례 왕복한 것으로 되어 있다. 부산과 센자키 항로의 귀환자에 주목할 경우 고안마루에도 주목하지 않을 수 없다. 귀환선 가운데 가장 큰 선박인데다가, 한반도 거주 일본인들이 거의 귀환해 가는 기간인 1945년 8월부터 46년 3월까지, 부산과 센자키 사이의 항로만을 오가며 귀환자를 수송했기 때문이다.

고안마루는 1937년 1월에 나가사키(長崎)조선소에서 준공되어 곧바로 부관 항로에 투입되었다. 7,103톤 대형 선박으로 승객 정원 1,746명

11) William J. Gane, *Repatriation : from 25 September 1945 to 31 December 1945*, Foreign Affairs Section, Headquarters United States Army Military Government in Korea. 1947, p.49; 森田芳夫, 『朝鮮終戦の記録 : 米ソ両軍の進駐と日本人の引揚』, p.367.

으로 1936년 10월에 건조된 곤고마루(金剛丸)와 함께 일본 최초로 선내에 에어컨을 장비했을 정도로 취항 당시로서는 호화 여객선이었다. 1945년 4월 1일에는 시모노세키 앞바다에서 어뢰에 부딪혀 좌초되어 나가사키에서 수리를 받은 일이 있다. 수리를 끝낸 고안마루는 7월 초부터 센자키에서 그리 멀지 않은 스사(須佐)항에 대피해 있었다. 일본 패전 이후 귀환선이 되어 일본 선박관리부의 지시에 따라 1946년 3월 25일 기지를 하카타로 옮길 때까지, 고안마루는 부산항과 센자키항을 왕복하며 귀환자들을 수송했다.12)

[표 4-3] 부산항과 일본을 왕래한 귀환선

| 선박명 | 승객 정원 | 운항 횟수 |
|---|---|---|
| 德壽丸 | 2,600 | 40 |
| 興安丸 | 6,500 | 32 |
| 雲仙丸 | 2,000 | 26 |
| 間宮丸 | 1,000 | 21 |
| 黃金丸 | 1,200 | 20 |
| 白龍丸 | 2,000 | 17 |
| 日正丸 | 400 | 13 |
| 天佑丸 | 850 | 13 |
| 大隅丸 | 300 | 12 |
| 潮風丸 | 700 | 11 |
| 北鮮丸 | 1,600 | 9 |
| MS20 | 45 | 9 |
| 臺北丸 | 1,500 | 8 |
| 長白丸 | 2,000 | 8 |
| 夕風 | 400 | 7 |
| De 59 | 250 | 7 |
| 早鞆丸 | 500 | 7 |
| 會寧丸 | 875 | 7 |
| 神島丸 | 400 | 6 |
| 계 | | 273 |

12) 森下研, 『興安丸33年の航跡』, 新潮社, 1987, pp.94-109.

고안마루가 공식 귀환선 제1호임에는 이견이 없으나, 이 선박이 공식 귀환선으로 활동하는 시점을 필자는 일반적인 견해와는 다른 시각에서 보고 있다.

먼저 일반적인 견해는, 일본의 후생성 자료를 비롯하여 대부분의 연구자들이 한결같이 연합국군의 허가 아래 고안마루(興安丸) 선박이 센자키(仙崎)에서 부산을 향해 출항한 1945년 8월 31일, 또는 그 배가 부산을 출발하여 센자키에 입항한 9월 2일을 기점으로 간주한다. 이러한 견해에 맞추어 일본의 관련 지방자치단체에서도 9월 2일을 일본인 귀환의 시점으로 잡고 기념행사를 추진해 오고 있다.

그런데 이와 같은 견해에는 연합국군의 허가가 이루어지기 이전에 일본 당국이 스스로 귀환 정책을 추진했던 점을 간과한 문제가 있다. 체계적인 귀환 원호 기구로서 1945년 11월에 '인양원호국'이 점령 당국의 지시에 의해 만들어지지만, 그 이전은 물론 점령군이 일본에 진주하기 이전에도 일본 정부는 해외에 나가 있던 일본인 군인과 민간인의 귀환에 대해, 그리고 일본에서 한반도로 귀환을 서두르는 조선인의 움직임에 대해 이들의 수송 대책을 강구하지 않을 수 없었기 때문이다.

필자는 식민지 시기 부관연락선이 패전 후 귀환선으로 전환되어가는 과정을 연구하면서, 최초의 공식 귀환선인 고안마루(興安丸)가 일찍이 1945년 8월 20일에 부산항에 입항했다가 다음날인 21일 일본인 귀환자들을 싣고 일본으로 돌아간 사실에 주목하고 있다. 앞서 소개한 다나베 부산지방 교통국장의 일지에는, 8월 20일에 고안마루 선박이 부산항에 입항하여 다음날 일본인 귀환자들을 가득 싣고 출항했다고 하며, 8월 22일에는 도쿠주마루가 부산항에 입항하여 24일에 출항했다고 기록된 것

에 주목하는 것이다.[13)]

비록 한 차례 운행하고 중단하기는 했지만, 이처럼 고안마루와 도쿠주마루가 연합국군의 승인 이전에 일본 당국에 의한 수송 대책에 따라서 귀환자들을 실어 날랐다. 당시 부관연락선을 관할해 왔던 히로시마(廣島)철도국이 부산교통국의 요청을 받아들여 연합국군의 통제 이전에 임의로 귀환선을 운항시킨 것이다. 다만 이때 이 선박이 어느 항구를 출항하여 부산항에 입항했는지, 부산항 입항 때에 조선인 귀환자들을 싣고 들어왔는지, 또는 일본인 귀환자들을 태우고 어디로 향했는지에 대해서는 관련 자료가 말해주고 있지 않다. 아마도 이 선박들이 패전 때까지 대피해 있던 스사(須佐)항을 출항하여 그곳으로 귀항하지 않았을까 하는 추측이 가능할 뿐이다.

이와 함께 이처럼 연합국군의 통제 이전에 귀환선을 통해 돌아간 일본인 가운데에는 침략 전쟁에 깊이 관여한 사람들이 많았을 것으로 보인다. 패전 직후 일본군과 총독부가 비인도적 침략 전쟁의 흔적을 없애는 과정에서 한반도와 일본에 새로운 점령 체제가 들어서기 전에 관련자들을 하루빨리 일본으로 귀환시켜야 할 필요가 있었기 때문이다. 예를 들어 소위 731부대로 알려진 관동군 방역급수부의 이시이 시로(石井四郎) 부대장이 남긴 '1945년 8월 16일 메모'에 의하면, 부대원들을 부산에 집결시켜 가능한 일본에 빨리 그리고 많이 수송할 방침이라고 기록되어 있다. 이 가운데 도쿠주마루가 8월 22일 저녁에 부산항에 입항하여 다음날 출항할 예정이라고 간단히 기록되어 있어, 악명 높은 731부대원들이 이 선박을 이용하여 재빨리 귀환했을 것으로 추측된다.[14)]

13) 田辺多聞, 「終戦前後の釜山地方交通局管内事情」, pp.252-253.

14) 「山陽新聞」 2006.7.21.

8월 21일에 일본 대본영(大本營) 해군은 연합국군 사령부의 지시에 따라 8월 24일 18시 이후로 일반 선박의 항행을 중단하라는 명령을 내렸다. 그러나 한반도를 비롯하여 해외에 식민지 개척 혹은 침략 전쟁을 목적으로 나갔다가 발이 묶인 일본인들을 귀환시키기 위하여, 일본 정부는 지속적으로 마닐라의 연합국군 사령부에 대해 귀환선의 운항 재개를 요청했다.[15)]

그 결과 8월 28일에 센자키·하카타와 부산 사이에 귀환자 수송을 위한 선박의 통행 허가를 받았으며, 이에 따라 고안마루는 센자키로 이동하여 귀환자 수송 선박으로 활동하게 된다. 8월 30일에 센자키에 입항한 고안마루는 밤새 9천 명이 넘는 조선인 귀환자들을 승선시켜 이튿날 8월 31일 오전에 부산을 향해 출항했다. 또한 9월 1일에는 부산에서 일본인 귀환자 약 7,500명을 승선시키고 이튿날 9월 2일 오전에 센자키를 향해 출항했다. 한편 다나베의 일지에 의하면 도쿠주마루는 9월 2일 시모노세키에서 조선인 귀환자들을 싣고 부산항에 들어왔다가 일본인 귀환자들을 싣고 9월 3일에 하카타로 출항한 것으로 되어 있다. 이렇게 하여 일본 패전 이후 일반 귀환자에 대한 체계적인 수송이 시작된 것이다.

아무튼 식민지 시기 부관연락선으로 운항할 때 승객 정원 1,746명으로 호화선으로 유유하게 운행되던 고안마루는, 패전 직후에는 승객 정원의 4배가 넘는 귀환자들을 태우고 거의 쉴 틈 없이 한반도와 일본열도 사이를 왕래하게 되었다. 고안마루의 역사에 관한 다큐멘터리 문학 작품에서, 작자 모리시타 겐(森下研)은 귀환선 첫 출항의 분위기와 함께 한인 귀환자들의 '무질서한' 모습을 다음과 같이 그리고 있다.[16)]

15) 최영호, 『재일한국인과 조국광복 : 해방직후의 본국귀환과 민족단체활동』, 글모인, 1995, pp.97-98.

고안마루에 조선인 승선이 시작된 것은 8월 30일부터이다. 연합군총사령관 맥아더가 마닐라에서 날라와 아쓰기(厚木)에 도착한 날이다. 승선은 저녁 6시부터 현지 어선과 돛단배에 지원을 받아 이루어졌으나 이튿날 아침 6시가 되어서도 끝이 나지 않았다. 정원을 초과했다고 해도 조선인들은 다음 선편까지 기다릴 줄을 모르고 계속 뒤이어 귀환선에 밀어닥쳐 트랩에 올랐다.

31일 오후 8시 경 마침내 닻을 올린 고안마루는 객실이건 갑판이건 관계없이 올라앉은 9천 명이 넘는 조선인과 그들의 짐들로 발 디딜 틈도 없었다. 그 배를 아직 한 여름의 열기를 지닌 태양이 달구었으며 기관실에서 내뿜는 보일러 열기가 더욱 뜨겁게 했다. 고안마루는 냉난방에 의한 환기를 전제로 하여 만들어졌지만 가장 중요한 냉매액(冷媒液)은 전쟁 말기부터 보급이 끊겼다. 창과 문을 모두 열어젖혀도 배 안은 코를 찌르는 악취가 섞인 열기로 흡사 오븐과 같았다.

이 와중에 조선인들은 제 세상인 양 거리낌 없이 아무 장소에나 얼굴을 내밀었다. 승무원들 구역에 들어와 앉아서 무언가를 찾는 듯한 눈을 하고 남의 물건을 만지작거렸다. "여기는 출입금지입니다"라고 승무원들이 주의를 주어도, "패전국민이 나보다 좋은 생활을 하고 있잖아"라고 하며 눈을 흘겼다. 바닷바람을 쐬려고 갑판에 모이는 사람들도 많았다. 그들은 그 발로 선교(船橋)에 들어오겠다고 한다. "갑판이 더럽다, 돌아가라"는 소리가 들린다. 갑판 구석에서는 불을 피우고 점심 식사를 지어먹기도 하고 티크 목재판을 태우는 사람도 있었다. 또한 돛대를 가리키며 고압적인 자세로 명령하는 남자도 있었다. "저기에 조선 깃발을 달아라." [……]

학대받아 온 사람들의 원한은 오후 3시에 부산항에 도착하여 전원이 하선한 뒤에 귀환선에 통렬한 흔적을 남겼다. 수세식 변소는 모두 막히거니 부서지거나 했으며 문과 창의 놋쇠 제품은 모두 사라지고 말았다.

16) 森下研, 『興安丸33年の航跡』 pp. 115-117.

한편 작가 모리시타는 작품 속의 주인공 나리타(成田)를 통하여 부산에서 첫 공식 귀환선에 오른 일본인 귀환자들의 '침울한' 모습을 다음과 같이 그리고 있다.[17)]

> 부산에서 고안마루를 맞은 일본인들의 반응은 크게 두 부류로 나뉘었다. "기다렸다. 이제야 돌아갈 수 있게 됐다" 부두에 모여서 기뻐한 것은 귀국하려고 작정한 사람들로 북한 지방에서 피난해 온 사람들이었다. 또한 남한 지방도시에서 모여든 사람도 많았다. 그들은 소련 참전과 동시에 군대의 임전태세를 갖추었는데 적군이 남하하지 않은 가운데 패전을 맞았다. 대신 현지인들의 불온한 움직임에 위협을 당하자 부산으로 도망쳐 왔다고 한다. 그러나 부산에 주거지를 둔 일본인 가운데는 사태를 제대로 받아들일 수 없어 움직이려고 하지 않는 사람도 적지 않았다. 한반도가 일본에 병합된 지 3분의 1세기가 지나면서 초기에 건너 온 사람들은 세대도 바뀌었고 이곳을 새로운 고향으로 삼고 정착하게 된 것이다. [……]
>
> 승선이 시작되자 승무원도 귀환자도 모두 패전이라는 현실의 의미를 피부로 느끼게 되었다. [……] 9월 2일 아침 고안마루는 부산에 올 때와 마찬가지로 가득 찬 상태였다. 그러나 배안의 공기는 전혀 달랐다. 마침내 고국에 돌아갈 수 있다는 생각으로 갑판 손잡이를 부여잡고 동쪽 바다를 바라보는 사람들이 있었다. 짐칸 구석에 허탈한 표정으로 아무 생각 없이 앉아 있는 사람도 있었다. 대화하는 사람들은 그다지 보이지 않았으며 이따금 입을 열어 작은 소리로 소곤거리듯이 말했다. 그런 가운데 모두가 주위에 각각 자욱한 회색빛 침울한 분위기를 자아냈다. 모든 것을 잃은 슬픔, 내일부터의 생활에 대한 두려움. [……]
>
> 그날 오후 배는 후카가와(深川)만에 닻을 내렸다. (센자키에) 상륙한 귀환자들을 고국 사람들은 따뜻하게 맞이했다. 센자키에서 쇼메이시(正明市)역까지 약 2킬로미터. 철도는 있었지만 열차 편수가 적었다. 귀환자들이 짐을 손에 들고 바닷가 길을 걷기 시작하자 마을 사람들이 리어카 등을 꺼내어 운반해 주기도 했다. 같은

17) 森下研,『興安丸33年の航跡』pp.119-120.

길에는 귀환자 대열과 엇갈리는 방향으로 일본인 귀환자의 짐에 비해 몇 배나 큰 짐을 짊어지거나 머리에 이고 항구를 향해 지나가는 무리가 있었다. 귀국을 서두르는 조선인들이었다.

## 3. 부관 항로의 이용자들

### (1) 부산에서 귀환하는 일본인들

일본이 패전하자 한반도를 비롯하여 해외에서 거주하던 일본인들이 '조국'으로 귀환해 갔다. 패전과 함께 일본 열도에서 가까운 부산 경남 지역에 거주하던 일본인들이 개별적으로 선박을 빌려 현해탄을 건너간 것을 필두로 하여 귀환선이 정비되면서 대규모 집단이 귀환이 이루어졌다. 조선총독부 교통국은 일찍이 8월 17일에 구호본부를 설치하고 일본인 귀환자 수송 업무를 시작했다.[18] 남한에 거주하던 일본인들 중 대부분은 1946년 2월 즈음에 일본으로의 귀환을 마치게 된다.

패전 당시 한반도에 일본인이 정확히 몇 명 있었는지에 관하여 이를 밝혀주는 자료가 아직 알려지고 있지 않아 확정할 수 없으며 대략적으로 추정할 수밖에 없다. 공식적인 통계자료로서는 부산 상공회의소가 1944년 12월 말 시점에 집계한 통계 자료가 패전일에 가장 근접한 시기의 통계로서 인용할 가치가 매우 높다. 이 통계에 의하면 당시 한반도 전역에 걸쳐 809,900명의 일본인이 거주하였으며 경기도(221,100명)에 이어 경상

18) 鮮交会, 『朝鮮交通史』, 三信図書有限会社, 1986, p.1106; p.1119.

남도에 많이 거주하고 있었다. 부산 거주자 71,824명을 포함하여 경남에 106,098명이 거주했던 것으로 파악된다. 전국의 도시(府) 가운데에서도 서울(京城府)의 161,818명 다음으로 부산(釜山府)에 일본인이 많이 거주하고 있었다.[19] 조선총독부 자료로서는 1944년 5월의 통계자료가 패전일에 가장 근접한 통계로 인용되고 있는데 이 자료에 의하면 부산에 61,081명의 일본인 거주자가 있었던 것으로 나타났다.[20]

패전 직후 일본인들을 둘러싼 치안 상황의 악화와 함께 소련군이 곧 서울에 입성한다는 소문이 나돌면서 남한에 거주하는 일본인들이 크게 동요하기 시작했다. 그들은 다투어 은행예금을 인출하고 가능한 대로 귀환을 서둘렀다. 가재도구를 헐값에 내다 파는 일본인들이 많아지면서 이것을 사재기하기 위하여 많은 한국인들이 일본인 집에 몰려들었다. 발 빠른 일본인들은 일찍이 8월 16일부터 부산항을 비롯한 항구나 부두로 달려가 화물수송선, 범선, 어선 등 각종 선박을 이용하여 일본 도항에 나서기 시작했다. 개인적으로 선박을 빌려 도항한 사람도 있었으며 상업용 선박을 이용하는 사람도 있었고 도청 등 관공서나 일본인 단체가 알선하는 선박을 이용하는 사람들도 있었다.

한반도와 일본을 잇는 정기 항로가 모두 차단된 상황에서도 일본인의 귀환 쇄도에 대한 수송 대책이 행정 당국에 의해 이루어졌다. 일찍이 8월 17일 부산지방교통국은 귀환 선박을 조달하기 위한 긴급회의를 열었

19) 丸山兵一, 「朝鮮に於ける日本人の引揚状況」, 加藤聖文, 『海外引揚関係史料集成』(国外篇) 第19巻, 朝鮮篇二, 「終戦後朝鮮における日本人の状況および引揚」(二), ゆまに書房, 2002, pp.318-320.

20) 森田芳夫, 『朝鮮終戦の記録 : 米ソ両軍の進駐と日本人の引揚』 pp.7-10.

으며 부관연락선을 관할하고 있는 히로시마(広島)철도국에 선박 배치를 요청했다. 이 때 화물선에 의한 긴급 수송 방침이 결정되어 8월 18일부터 24일까지 한반도에 정박해 있던 화물선 27척이 귀환자들을 싣고 하카타항을 향해 부산항을 출항한 것으로 알려지고 있다.[21)]

한편 조선총독부 교통국 총무과장은 8월 21일에 비행기로 도쿄로 날아가 내무성과 운수성에 귀환 선박 조달을 위한 교섭을 마치고 이틀 후에 서울로 돌아왔다고 하는 기록이 있으나 그 교섭 결과에 대해서는 알려진 바가 없다.[22)]

그런데 연합국군사령부(SCAP)가 8월 24일 오후 6시를 기하여 100톤 이상 선박의 항행을 금지하도록 명령을 내렸기 때문에, 이날 부산항 부두에 2,000명 정도의 일본인 귀환자가 남아 있었고, 또한 그 후에 대기하는 사람들이 점차 늘어나 연락선 운항이 재개되는 8월 31일 시점에는 11,000명 정도가 대기함으로써 부산항이 대혼잡을 이루었다. 연합군 군사령부로부터 부산과 센자키·하카타 사이의 귀환자 수송을 위해 연락선 운항 허가를 받아 고안마루가 8월 31일 부산을 향해 출항하여 9월 2일 센자키항에 귀항한 것으로 기록되고 있으나, 이때의 정확한 승선 인원에 대한 정보는 알려지고 있지 않다. 따라서 앞서 소개한 바와 같이 작가 모리시타(森下硏)는 대략 7,500명 정도의 일본인 귀환자를 태우고 부산항을 출항한 것으로 추정하는 것이다. 한편 도쿠주마루는 9월 2일 일본인 군인 군속 2,552명, 일반인 16명을 싣고 부산항을 떠나 이튿날 아침에 하카타항에 입항한 것으로 알려지고 있다.[23)]

21) 森田芳夫,『朝鮮終戦の記録 : 米ソ両軍の進駐と日本人の引揚』 pp.122-123.

22) 森田芳夫,『朝鮮終戦の記録 : 米ソ両軍の進駐と日本人の引揚』 p.122.

일본의 항복 직후 8월 16일 조선총독부에서는 총독과 정무총감이 재경일본인 가운데 유력인사를 불러들여 패전 정국에 대한 설명을 행하고 일본인 사회의 자구책을 촉구했다. 총독부는 총독부 스스로의 조직력 약화와 함께 미군과 소련군의 진주를 앞두고 조선군도 치안통제력을 상실해 가는 가운데 결국 일본인의 보호와 치안 확보를 일본인 스스로가 강구해야 하며 이에 대해서 최대한 지원하겠다고 하는 방침을 전달했다.

8월 18일 경성전기회사 사장실에서 소수 재경일본인 유지들이 회합하여 일본인 단체를 결성하기로 했으며 8월 20일에 소공동(長谷川町)에 있던 경기도 상공경제회에서 '경성 내지인 세화회'라는 이름으로 발족했다. 사무실은 상공경제회 건물 내에 두었으며 회장에는 당시 경성전기 사장이던 호즈미 신로쿠로(穗積真六郎)가 결정되었다. 호즈미는 1914년에 조선총독부에 들어가 28년 동안 관료생활을 보냈으며 척산(拓産)국장을 역임했다. 그는 1943년에 경성전기회사 사장에 취임했으며 조선 상공경제회 회장을 겸임했다. 따라서 식민지 인사들과 널리 친분이 있을 뿐 아니라 총독부와도 인맥을 널리 유지하고 있었다.

서울에서 세화회가 결성된 것이 알려지고 총독부가 지방기관을 통해 이를 권장하면서 전국적으로 조직을 결성하는 움직임이 확산되었다. 서울과 지방에서 모두 처음에는 '내지인' 세화회라는 명칭을 사용하다가 '일본인' 세화회로 명칭을 바꾸었다. 이것은 기본적으로 이미 한반도가 일본으로부터 독립되어 '내지인'과 '조선인'의 구별이 필요 없게 되었기 때문이다. 즉 이러한 명칭 변경은 일본인들이 시간이 흘러감에 따라 점차 한반도의 해방을 심각하게 인식하게 되었다는 것을 의미한다. 또한 지방

23) 引揚援護庁長官官房総務課記録係(編), 『引揚援護の記録』, 引揚援護庁, 1950(附録年表), p.2.

의 세화회에서는 한반도에 잔류하기를 희망하는 무리와 일본으로 귀환하기를 희망하는 무리가 서로 다투는 일이 있었다. 패전 당시에는 대체로 많은 일본인들이 한반도에 잔류하기를 희망했으며 잔류 일본인의 권익을 보호하기 위한 거류민단을 예상하고 세화회를 결성했다. 이 때문에 각 지역에서 오랜 거주 경험과 인적 관계를 가진 인물들이 대부분 세화회의 대표자로 선정되었다.

군정당국은 일본인 귀환 업무를 일시적으로 '종전사무처리본부' 부산안내소에게 맡겼다가 10월 22일에 세화회에 인계했다. 10월과 11월 사이에 남한 거주 일본인들의 귀환이 대거 이루어졌으며 그 중에도 11월에 최고조를 이루었다. 여기에 점차 북한 지역에서 탈출해 오는 일본인들도 합류하게 되었다. 9월에 들어서부터 무리를 지어 38선을 넘어 남하해 온 일본인들의 처참한 모습들이 부산에서도 많이 보이기 시작했다. 이들은 대부분 헐벗고 굶주린 상태로 먹을 것, 가진 것도 없이 육체적 정신적으로 지쳐 있는 모습들이었으며 응급 원호 조치를 요하는 사람들이었다. 서울과 부산의 세화회는 이처럼 형편이 어려운 일본인 귀환자들을 위하여 의료지원 활동을 실시했다. 일본인 의사와 의대생들이 자원봉사 형식으로 북한지방에서 피난해 오는 일본인을 비롯하여 귀환을 대기하는 일본인들에게 의료 활동을 실시하고 있었는데 세화회는 이들에 대해 의약품을 지원했다.

남한에 거주했던 일본인들 대다수가 귀환한 1946년 2월부터 세화회는 북한에서 남하해 오는 일본인들을 주된 대상으로 하여 원호 활동을 전개했다. 그 해 5월 상하이(上海)에서 부산으로 상륙해 온 한국인 선원이 콜레라로 사망한 것을 계기로 하여 군정 당국은 5월 말부터 부산항 사용

[표 4-4] 부산항 경유 일본인 귀환자 수

| 연도 | 월 | 38선 이남 | 38선 이북 | 계 |
|---|---|---|---|---|
| 1945 | 8 | 4,895 | - | 4,895 |
| | 9 | 100,682 | 26,808 | 127,490 |
| | 10 | 169,263 | - | 169,263 |
| | 11 | 176,376 | - | 176,376 |
| | 12 | 27,740 | 5,168 | 32,908 |
| 1946 | 1 | 4,083 | 5,996 | 10,079 |
| | 2 | 5,379 | 1,732 | 7,111 |
| | 3 | 2,257 | 5,973 | 8,230 |
| | 4 | 625 | 28,404 | 29,029 |
| | 5 | 117 | 40,511 | 40,628 |
| | 6 | 53 | 3,091 | 3,144 |
| | 7 | - | 538 | 538 |
| | 8 | - | 19,289 | 19,289 |
| | 9 | - | 19,355 | 19,355 |
| | 10 | - | 13,453 | 13,453 |
| | 11 | - | 8,370 | 8,370 |
| | 12 | - | 4,040 | 4,040 |
| 1947 | 1 | - | 208 | 208 |
| 합계 | | 491,470 | 182,936 | 674,406 |

을 금지시키고 군산과 인천항을 대체 귀환항으로 지정했다가 콜레라가 수그러들자 8월부터 다시 부산항을 사용하게 한다. 일본인 귀환자의 감소에 따라 1946년 12월에 서울 세화회가 철수했고 부산 세화회가 마지막까지 잔존하여 나머지 일본인 귀환자들에 대한 원호와 상담 업무를 행하다가 대한민국 정부 수립 직전인 1948년 7월에 해산했다.

일본 후생성의 귀환 통계자료에 의하면, 해외에 있던 일본인들이 패전과 함께 일본으로의 귀환을 시작하여 귀환 활동이 거의 끝나는 시점인 1961년까지 총 6,288,665명이 귀환한 것으로 되어 있다. 이들 가운데에는 38도선 남쪽 지역(남한)에서 귀환한 일본인 596,454명, 북한에서 귀환

[표 4-5] 센자키항의 재조일본인 귀환자 입항자 수

| 연도 | 월 | 선박 입항수(척) | 복원 군인 수(명) 육군 | 해군 | 계 | 민간인 귀환자 수(명) 남 | 여 | 계 | 귀환자 합계 |
|---|---|---|---|---|---|---|---|---|---|
| 1945 | 9 | 17 | 10,146 | - | 10,146 | 28,954 | 39,034 | 67,988 | 78,134 |
| | 10 | 21 | 16,046 | - | 16,046 | 27,914 | 29,399 | 57,313 | 73,359 |
| | 11 | 35 | 1,641 | - | 1,641 | 34,715 | 29,217 | 63,932 | 65,573 |
| | 12 | 13 | - | - | - | 3,991 | 3,694 | 7,685 | 7,685 |
| 1946 | 1 | 7 | - | - | - | 1,154 | 1,094 | 2,248 | 2,248 |
| | 2 | 18 | - | - | - | 1,825 | 1,509 | 3,334 | 3,334 |
| | 3 | 9 | 4 | - | 4 | 671 | 649 | 1,320 | 1,324 |
| | 4 | 15 | 329 | 25 | 354 | 3,474 | 3,984 | 7,458 | 7,812 |
| | 5 | 14 | 542 | 20 | 562 | 4,241 | 5,334 | 9,575 | 10,137 |
| | 6 | 6 | 334 | 14 | 348 | 2,901 | 3,747 | 6,648 | 6,996 |
| | 7 | 2 | 52 | - | 52 | 728 | 1,033 | 1,761 | 1,813 |
| | 8 | - | - | - | - | - | - | - | - |
| | 9 | 2 | - | - | - | 4 | 3 | 7 | 7 |
| | 10 | 1 | - | - | - | 1 | 2 | 3 | 3 |
| 합계 | | 160 | 20,094 | 59 | 29,153 | 110,573 | 118,699 | 229,272 | 258,425 |

한 일본인 322,585명이 포함되어 있으며 대부분의 귀환활동이 1945년과 1946년 사이에 이루어졌다. 1946년 말까지 1년 5개월 동안 총 5,096,323명이 귀환했으며 이 가운데 남한 지역에서 571,765명이, 북한 지역에서 304,469명이 귀환한 것으로 알려지고 있다.[24] 여기에 만주지역에서 한반도를 경유하여 귀환한 일본인 민간인과 군인들을 포함하면 100만 명이 훨씬 넘는 일본인들이 패전 직후 1년 정도의 기간에 한반도를 거쳐 일본으로 귀환한 것이 된다.

아울러 한일 간 항로가 한정되었던 까닭에 이들 중 대부분이 부산항을 통과하여 일본으로 귀환한 것으로 보아도 무방할 것이다. 패전직후 조선총독부 '종전사무처리본부'의 부산 안내소 소장을 역임한 마루야마 헤이이치(丸山兵一)는 1947년 1월까지 부산항을 경유하여 귀환한 일본인

24) 厚生省(編),『続々・引揚援護の記録』, クレス出版, 2000, p.417.

수를 다음 [표 4-4]와 같이 파악하고 있다.[25] 부산항을 중심으로 하여 일본인 귀환자 수의 전모를 밝히고 있는 귀중한 통계라고 할 수 있다. 1945년 8월의 수치로서 그 근거가 희박할 뿐 아니라 너무도 적은 수를 제시하고 있다는 문제점을 안고 있기는 하지만, 1945년 9월 이후의 통계는 일본인 귀환자 상황을 이해하는 데 좋은 자료가 되고 있다.

이 가운데 부관 항로를 이용한 일본인 귀환자는 얼마나 될까. 이에 대해서는 센자키 인양원호국이 1945년 9월부터 이듬해 10월까지 14개월간에 걸쳐서 집계한 [표 4-5]로 대답할 수 있을 것이다.[26] 고안마루가 점령 당국에 의해 정식으로 승인 받은 첫 번째 귀환선이라는 점을 전제로 하면, 1945년 9월부터의 통계를 적용하는 것이 일리가 있다. 또한 1946년 6월부터 8월까지 콜레라 발생으로 부산항 귀환이 중지되었던 점이나, 사실상 1946년 9월 시점에 센자키 항이 귀환항으로서 역할을 마쳤음을 고려할 때, 1946년 5월까지의 통계가 유효하다고 할 수 있다. 이렇게 볼 경우 부산과 센자키 항로를 이용하여 귀환선으로 귀환한 일본인은 대체로 25만 명 정도였다고 말할 수 있다.

### (2) 시모노세키와 센자키에서 귀환하는 한인들

일본의 패전으로 식민지 지배가 종결되자 재일 한인들이 한반도로 대거 귀환하게 되었으며 이들 중에는 징용·징병된 사람들과 함께 일본에 정주하고 있던 사람들도 포함되어 있었다. 귀환자 전반에 관한 정확한 통

25) 丸山兵一, 「慶尚南道および釜山の引揚」(二), 『同和』 166号 (1961.10.1.), p.4.

26) 厚生省仙崎引揚援護局, 『仙崎引揚援護局史』 pp.21-23.

계는 존재하지 않는다. 다만 일본 정부의 공개 자료를 통해 살펴본다면 1944년 말 일본에 체류, 거주하던 한인 총수가 1,936,843명이었고, 1947년 9월 일본국 내무성의 조사에 의한 수가 총 529,907명이었던 것을 감안하여 볼 때, 대략 140만 명 정도가 일본 패전 직후 일본에서 한반도로 귀환했음을 알 수 있다.

해방 직후 수많은 재일 한인들이 일본 근해에 있던 소형 선박을 이용하여 귀환을 서둘렀다. 피징용 노동자들을 중심으로 일본의 각지에서 귀국을 목적으로 시모노세키, 센자키, 하카타 등의 항구로 쇄도했다. 이들은 언제 승선할 수 있을지도 모르는 가운데 항구들 주변의 숙소를 메우기도 하고 급조한 판잣집이나 창고 마구간 등의 임시숙소를 사용하거나 노숙을 하며 승선을 기다렸다. 일찍이 8월 22일 해군특별수송선 우키시마마루(浮島丸, 4,730톤)가 한인 노동자와 가족들을 태우고 항해하던 중 기항지에 입항하기 직전 마이즈루(舞鶴) 항만에서 어뢰 폭발로 침몰했다. 일본 정부는 이 사고로 한인 524명과 일본인 승무원 25명이 사망했다고 했다. 이와 함께 1945년 말까지 소형 발동기 선박들이 귀환자들을 싣고 한반도와 일본을 왕복했으며 이 와중에 어뢰나 해적·풍랑 등에 의해 피해를 입는 사람들이 속출했다.

[표 4-6]은 일본의 인양원호국이 귀환항으로 지정된 각 항구별로 1945년 9월부터 4년간 실시한 원호 활동의 결과를 집계하여 후생성에 제출한 귀환항별 귀환자 통계를 정리한 것이다. 귀환자 규모에서 볼 때, 일본인 귀환자의 경우에는 센자키보다 다른 항구들을 통해 귀환한 인원이 많은 데 비하여, 한인의 경우에는 하카타항에 이어 센자키항을 통해 많은 인원이 귀환했음을 알 수 있다. 이것은 일본인과는 달리 한인의 경우에

[표 4-6] 일본 귀환항별 귀환자 수

| 지정귀환항 | 하루 수용 정원 | | 귀환자(1945년 9월~1949년 9월) | | |
|---|---|---|---|---|---|
| | 입국 | 출국 | 입국 일본인 | 출국 한인 | 계 |
| 博多 | 7,500 | 5,000 | 1,392,429 | 494,818 | 1,887,247 |
| 仙崎 | 5,000 | 5,000 | 413,961 | 330,434 | 744,395 |
| 浦賀 | 10,000 | 1,500 | 564,625 | 2,540 | 567,165 |
| 舞鶴 | 2,500 | 2,500 | 582,272 | 29,061 | 611,333 |
| 鹿児島 | 3,000 | 3,000 | 360,924 | - | 360,924 |
| 宇品 | 8,000 | 8,000 | 169,386 | - | 169,386 |
| 佐世保 | 5,000 | 5,000 | 1,391,343 | 72,933 | 1,464,276 |
| 田邊(大竹) | 3,000 | 1,000 | 631,115 | - | 631,115 |
| 名古屋 | 5,000 | - | 259,589 | - | 259,589 |
| 函館 | 2,500 | 2,500 | 311,172 | 86,476 | 397,648 |
| 横浜 | 100 | 100 | 1,572 | - | 1,572 |
| 합계 | 51,600 | 33,600 | 6,078,388 | 1,016,262 | 7,094,650 |

자료: 引揚援護庁(編), 『引揚援護の記録』, クレス出版. 2000(資料), p.83; pp.86-87; 森田芳夫, 『在日朝鮮人処遇の推移と現状』, p.67.

[표 4-7] 센자키항의 한인 송출 통계

| 연도 | 월 | 총 송출 인원 | | 소계 | 기타 송출 내역 | | | | | 총계 |
|---|---|---|---|---|---|---|---|---|---|---|
| | | 일반인 | 밀항자 | | 도망 | 석방 | 사망 | 이송 | 검사국 송치 | |
| 1945 | 9 | 65,164 | - | 65,164 | - | - | - | - | | 65,164 |
| | 10 | 69,381 | - | 69,381 | - | - | - | - | - | 69,381 |
| | 11 | 70,152 | - | 70,152 | - | - | - | - | - | 70,152 |
| | 12 | 56,043 | - | 56,043 | - | - | - | - | - | 56,043 |
| 1946 | 1 | 30,109 | - | 30,109 | - | - | - | - | - | 30,109 |
| | 2 | 16,978 | - | 16,978 | - | - | - | - | - | 16,978 |
| | 3 | 12,690 | - | 12,690 | - | - | - | - | - | 12,690 |
| | 4 | 5,382 | - | 5,382 | - | - | - | - | - | 5,382 |
| | 5 | 2,478 | 288 | 2,766 | 46 | - | - | - | - | 2,812 |
| | 6 | 1,432 | 107 | 1,539 | 31 | - | 4 | - | 8 | 1,582 |
| | 7 | - | 892 | 892 | 7 | 89 | 2 | - | - | 990 |
| | 8 | 625 | 7,019 | 7,644 | 155 | 48 | 6 | 13 | 1 | 7,867 |
| | 9 | - | 504 | 504 | 2 | 7 | 1 | 2 | 1 | 517 |
| | 10 | - | 304 | 304 | 5 | 9 | - | - | - | 318 |
| | 11 | - | - | - | 12 | 6 | - | 24 | - | 42 |
| 합계 | | 330,434 | 9,114 | 339,548 | 258 | 159 | 13 | 39 | 10 | 340,027 |

자료: 厚生省仙崎引揚援護局, 『仙崎引揚援護局史』, 1946, p.26.

일본 패전 직후 단기간에 걸쳐 귀환했기 때문이다.

센자키항에서 부산항으로 귀환한 한인은 몇 명 정도로 보아야 할까. 이 물음에 답하기 위해서 다음 [표 4-7] 센자키항에서 한반도로 귀환한 인원에 관한 통계를 참고하려 한다. 이 표는 센자키 인양원호국이 집계한 통계로, 패전 직후의 귀환자와 함께 한반도에서 일본으로 '밀입국'했다가 다시 송출된 사람들을 포함하고 있으며, 송출 내역까지도 함께 제시하고 있다. 비록 고안마루가 첫 출항하는 8월 31일의 승선 인원에 관한 정보가 없는데다가, 상부 기관인 후생성에 귀환자 원호 활동을 부풀려 보고했다고 하는 근본적인 문제점을 가지고 있기 때문에 통계의 정확성에 의문의 여지가 없는 것은 아니지만, 일본 패전 직후 센자키항에 있어서 한인의 움직임을 전체적으로 조망할 수 있는 중요한 데이터라고 할 수 있다. 이 가운데 1946년 6월부터 8월까지 콜레라 발생으로 부산항 귀환이 중지되었던 점을 감안하면, 1946년 8월의 통계 625명은 부관 항로 귀환자라고 보기 힘들다. 이렇게 볼 때, 해방 직후 부관 항로의 귀환선을 통해 귀환한 한인은 대략 33만 명이었다고 말할 수 있다.

### (3) 귀환자 원호업무 종사자들

패전 직후 부관 항로를 이용한 일본인 가운데는 '해외부형 구출 학생동맹'과 같은 단체의 구성원으로 일부러 한반도로 건너와서 북한을 통해 넘어오는 일본인 귀환자들을 원호하고자 한 사람들도 있었다. 학생동맹은 1945년 11월에 후지모토 데루오(藤本照男)를 위원장으로 하여 도쿄에서 결성되었다. 처음에는 일본 국내의 철도역이나 항구와 병원에서 귀환자 원호 활동을 전개했다가 이듬해 3월부터는 한반도로 건너와 북한 탈출자들을 원호하기 시작했다. 주로 38선에 인접한 개성과 연안에 막사를 치고 일본인 귀환자들을 원호했다. 서울의 일본인 세화회 업무가 축소되면서 이 단체의 원호 활동도 5월경에 끝났다. 이 단체 구성원 중에는 38선을 넘어 평양에까지 잠입하여 일본인 탈출 공작을 감행한 사람도 있다.[27)]

또한 일본인 귀환자들 가운데 극소수가 일단 일본으로 귀환해 갔다가 한반도에 남아 있는 가족을 구출하기 위해 다시 한반도에 입국한 사람도 있다. 예를 들어 모리타 히데오(森田秀夫)는 일본 패전과 함께 일단 제주도에서 육군 상등병으로 제대했다가 미군 상륙 후에 군산에서 다시 입대하여 군인 신분으로 혼자 10월에 하카타로 귀환했다. 일본에서 복원(復員) 신청을 마치고 민간인이 된 그는 군산에 남아있는 가족들을 구출하려고 11월에 다시 한반도에 들어왔다. 이때 센자키에서 부산항으로 들어왔다. 일반 일본인의 입국이 금지된 가운데 그는 '조선철도국원'으로 위장하여 한인들로 가득 찬 귀환선 고안마루에 올랐다. 결국 12월 초 그는 부인과 자녀 셋을 데리고 하카타로 귀환해 갔다.[28)]

반면 한인들 가운데 해방 직후 재일 한인 귀환자들의 원호를 위해 한반도에서 일본으로 건너가 활동한 사람들도 있다. 예를 들어 부관 항로를 이용했을 것으로 추정되는 사람 가운데, 1945년 9월에 서울에서 조직된 '조선해외전재동포구제회'는 결성 직후 당시 서울 YMCA의 이사 김상돈을 대표로 하여 도쿄에 원호팀을 파견한 일이 있다. 또한 같은 시기에 '조

27) 森田芳夫, 『朝鮮終戦の記録 : 米ソ両軍の進駐と日本人の引揚』 pp.560-564.

28) 森田秀夫, 『朝鮮渡航と引揚の記録』, 秀巧社印刷株式会社, 1980, pp.66-102.

선이재동포구제회'라는 단체가 이석배를 인솔책임자로 하여 선박 한 척을 빌려 원호단 20여 명을 시모노세키에 파견한 일이 있다. '조선건국준비위원회'에서도 이상훈을 인솔책임자로 하여 일본 각지에 원호단 10여 명을 파견한 일이 있다.[29] 뒤에서 소개할 재일조선인연맹의 「보고서」에는, 1945년 11월 시점에 일본에 파견된 '본국' 사람으로 다음과 같은 기록이 있다.[30]

조선해외전재동포구제회 (김상돈)
건준구호특파대 (김중봉, 고원형, 이남석)
귀국동포보호협회 (주윤두)
조선재외전재동포구제회 (신수용)
조선구호단체연합 중앙위원회 (송흥국, 이범재, 김용태, 곽병수, 홍진익)

그리고 부관 항로를 이용하는 사람 가운데는 귀환자들에 대한 의료 지원팀도 있었다. 세브란스병원의 의사와 간호사를 비롯하여 한인 의료진도 일본에 건너가 진료 활동을 전개한 기록이 있으나, 이 부분에 있어서는 일본인의 의료 활동이 두드러지게 많았다. 패전 직후 8월 말부터 세화회 활동을 개시함과 동시에 경성제국대학 의학부 교수와 학생들이 해협을 넘나들며 귀환자들에 대한 의료 활동을 시작했다. 미군정 당국의 계획 수송에 적극 협조하는 형태로 이들은 귀환자를 실은 열차 안에서는 물

29) 최영호, 『재일한국인과 조국광복 : 해방직후의 본국귀환과 민족단체활동』 pp.105-109.

30) 재일조선인연맹, 「보고서」(1945년 11월), 朴慶植(編), 『朝鮮問題資料叢書 第9巻 : 解放後の在日朝鮮人運動 I 』, アジア問題研究所, 1983, p.16.

론 귀환 선박 안에서도 의료 활동을 실시했다. 이들은 10월 중순 각지의 의료진을 종합하는 의미로 '이동의료국(Medical Relief Union)'을 결성하고 국장에 경성제대 스즈키 기요시(鈴木清) 교수를 임명했다. 이들은 부산과 센자키, 하카타 등에 거점을 두고 활동했다.[31)]

### (4) 재일본조선인연맹 조국 파견원

식민지 시기 말기에 일본의 각 지방에는 재일한인을 관리하기 위한 단체로 협화회(協和會)가 홍생회(興生會)로 확대되어 활동하고 있었다. 일본 패전과 함께 귀환자에 대한 조직적인 원호도 자연스럽게 홍생회를 중심으로 이루어졌다. 일본 정부도 재일한인 귀환자 응급 대책을 마련하면서 일찍이 9월 1일부로 각 지방에 하달한 문건에서 "귀선자(歸鮮者)를 돌보는 일은 지방 홍생회로 하여금 적극 이를 담당하게 함과 동시에 시모노세키 숙박 시설에는 중앙 홍생회가 경영하는 이입노무자 교양시설을 이용하게 할 방침"이라고 하여, 홍생회 조직을 귀환자 원호 기구로 공식 인정했다.[32)] 이러한 정부 방침에 따라 시모노세키에서도 홍생회가 야마구치현 '인양민 사무소'의 지원을 받으며 원호 활동을 전개했다.[33)]

도쿄에서는 네 개의 단체가 생겼는데 처음에 '재류조선인대책위원회'와 '재일본조선인귀국지도위원회'가 합하여 '재일본조선인회'가 되었

31) 木村秀明,『ある戦後史の序章 : MRU引揚医療の記録』, 西図協出版, 1980, pp.25-40; pp.71-81.

32)「朝鮮人集団移入労務者等ノ緊急措置ニ関スル件」(警保局保発甲3号, 1945.9.1.), 朴慶植(編),『在日朝鮮人関係資料集成 第五巻』, 三一書房, 1976, pp.59-60.

33) 鈴木久美,「在日朝鮮人の帰還援護事業の推移 : 下関·仙崎の事例から」,『在日朝鮮人史研究』36号, 2006.3., pp.171-174.

고, 나아가 '재일본조선거류민연맹', '재일본조선인대책위원회'와 합하여 '재일본조선인연맹'을 결성했다. 그 후 다른 지역에서도 단체들이 속출하여 9월 9일 '재일본조선인연맹'을 중심으로 하여 '건국촉진동맹', '재일본조선인거류민단', '관동지방조선인협의회' 그리고 각 지방의 대표들이 요요기(代代木)역 앞에 있던 요시모토(吉本)빌딩에서 회합한 결과, '재일본조선인연맹'(조련) 중앙준비위원회를 조직하게 되었다.[34]

10월 15일과 16일에 열린 전국대회에서 새로운 위원장으로 조선기독교회관 총무이던 윤근이, 부위원장으로는 김정홍과 김민화가 각각 선출되었다. 이때 조국의 제반 정세를 조사하고 재일동포들의 실상을 알리기 위해 대표단을 한반도에 파견하기로 결의하고 그 인선 작업을 중앙위원회에 위임했다. 10월 17일 중앙위원회는 열 명을 파견할 것을 결정하여 스무 명의 후보자를 추천했다. 10월 23일 중앙상임위원회 회의를 통해 중앙위원장을 대표단장으로 하는 대표단이 구성되었다.

대표단원으로는 윤근 단장과 함께, 김민화 중앙부위원장, 김두용 중앙위원, 이민선 효고현(兵庫縣) 본부 위원장, 임존강 교토부(京都府) 본부 위원장, 이호연 아이치현(愛知縣) 본부 상무위원, 강창호 군마현(群馬縣) 본부 위원장, 장정수 오사카부(大阪府) 본부 조직부장, 이상 8명이 선정되었다. 그런데 김두용은 일본의 각 지역 탄광에서 노동쟁의를 지도해야 한다는 이유로 최종 선정에서 빠졌으며, 그를 대신하여 기록과 통역 담당으로서 이석인 중앙본부 문화부원이 대표단원으로 선정되었다. 그리고 수행원으로서 두 명의 실업가 장은식과 강철이 추가되었다. 장은식은 체재비의 충당을 지원할 자로서 수행하게 되었으며, 강철은 오사카 본부의 특파원으로서 수행하게 되었다. 파견단 일정과 수행 과정에 대해서

34) 재일본조선인연맹 중앙준비위원회, 『회보』 창간호, 1945.9.25.

는 장정수의 회고록 내용과 회고록에 첨부된 「본국특파원보고」가 비교적 상세하게 전하고 있다.[35)]

대표단원들에게는 점령 당국으로부터 귀국허가 증명서가 발급되었고 선박과 철도 요금은 일본과 남한에서 모두 무료가 되었으며 열차에 우선적으로 승차할 수 있었다. 11월 6일 전원은 시모노세키에서 합류했으며 '조선인귀국자구호회'에 초대되어 점심식사를 마치고 센자키항으로 출발했다. 다음날 한반도의 단체들에게 제시할 「보고서」를 등사 인쇄했으며 정박 중인 고안마루에 승선하여 일등실에 투숙했다. 이들은 8일 새벽에 센자키를 출항하여 오후에 부산항에 입항했다.

그런데 이들이 부산항에 도착하자마자 예상하지 못한 거리의 무질서한 모습과 함께 우리말이 서툰 자신들 일행에 대한 멸시를 체험하게 되었다. 이들은 이날 밤 회합을 갖고 남한 동포들의 반일 감정에 부딪히지 않기 위해 가지고 온 「보고서」 중에서 「강령」의 셋째 항목, "우리는 일본 국민과 호양우의를 기함"을 삭제하기로 했다. 이 「보고서」에는 통일정부의 수립을 촉진하기 위하여 대동단결할 것, 귀국 동포의 생활 안정을 위하여 토지·주택·직업을 확보할 것, 조국반역자를 처단할 것을 요망사항으로 내걸었다. 그리고 '조련'을 재일동포의 공적 기관으로 인정할 것을 요망하면서 그 이유로 다음 사항을 열거했다.

① 점령군 및 일본 정부와 연락 교섭상 필요하다.
② 재일동포의 생명재산에 관한 보호를 점령군 및 일본 정부에 요구하는 데 필요하다.
③ 점령군에게 재일동포를 외국인으로 대우해 줄 것을 청원하고 식량을 하루 4홉

35) 張錠寿, 『在日60年·自立と抵抗』, 社会評論社, 1989, pp.140-158; pp.247-253.

확보할 수 있도록 요구하는 데 필요하다. 중국인들은 하루 4홉이다.

④ 본국으로부터 파견된 각 단체를 규율적으로 통제하는 데 필요하다.

⑤ 우리의 통일을 착란하는 친일적 반동분자를 숙청하는 데 필요하다.

⑥ 재일동포를 규율적으로 통제하는 데 필요하다.

대표 단원들은 각자의 출생지를 중심으로 각 지방을 분산 탐방하고 나서 11월 20일 서울의 '전국인민대표자대회'에서 재차 회합했다. 이튿날 대회 둘째 날 오후에 '조련' 대표단에게 발언의 기회가 주어졌으며, 대표단 중에서 김민화가 등단하여 개인적인 감상과 의견을 피력했다. 그는 먼저 국내에서 일제에 투쟁해 온 운동가들에 대해 칭송을 보내는 한편, '인민공화국'이 중심적 정권체라고 생각해 왔는데 실상은 그렇지 않고 일본에서와 같이 해방 후에도 친일반역자들이 버젓이 활동하고 있는 데 대해 울분의 감정을 피력했다. 이어서 그는 '인민공화국' 대표에 의해 재일동포 문제가 해결될 수 있기를 호소했다. 또한 그는 점령군으로부터 받은 교통 편의는 언급하지 않고 오히려 남한으로 건너오는 데 많은 고생을 했다고 했다. 그리고 그는 앞서 건국준비위원회의 일본 파견 대장으로 구호 상황을 보고한 이상훈의 보고에 대해서, 파견 대원 가운데 과거 일심회에서 활동한 자가 있다는 것과 이상훈이 실제로 일본에 온 적이 없다고 '폭로'했다. 이 '폭로'는 그 진위야 어떻든 간에 결과적으로 인신공격의 성격이 강했으며, 당시의 대회 분위기에서 볼 때 민족주의 열기에 찬물을 끼얹는 발언이었다.

11월 29일에는 강철을 제외한 대표단 전원이 프로문학동맹 계열의 출판사인 민심사를 찾아가 좌담회를 가졌다. 그 내용은 『민심』 제2호

(1946년 3월호)에 실려 있다. 그리고 그들은 12월 11일 '전국청년동맹' 결성대회 첫날 모임에 초대되었다. 그때 장정수가 '조련'을 대표하여 축사를 하게 되었다. 그런데 그가 우리말을 제대로 구사하지 못하고 일본어가 부지중에 나오자 도중에 중단하고 말았다. 이 대회의 회의록은 '조련' 문화부에서 「전국청년총동맹대회 회록」(자료 제1집)으로서 1946년 1월 26일에 발간하였으나, 그 속에 '조련' 대표의 축사에 대한 기록은 보이지 않는다. 장정수 본인의 회상에 의하면 대체로 재일동포들의 생활에 대한 보고를 할 생각이었다고 한다.

대표 단원들은 12월 하순부터 1월 초순 사이에 각각 흩어져 일본에 재입국했다. 일본에서 건너올 때는 귀환선을 이용하였나, 일본으로 돌아갈 때는 일본인 귀환자들과 함께 하는 공식 귀환선을 타지 못하고 각각 소형 선박을 수배하여 돌아가게 되었다. 1월 31일의 제4회 조련 중앙위원회에서 대표단 전원이 모인 가운데 윤근이 중앙위원들에게 본국 정세와 '인민공화국' 지지 문제에 대해 보고했다. 무엇보다 '인민공화국' 지지 여부를 둘러싸고 위원들 간에 장시간 격론이 교환되었는데, 결국 결론을 보지 못하고 각 위원들이 각자 지방본부로 돌아가 조국의 정세를 전하기로 하고, 각자 지방별로 의견을 정리하여 2월 27일부터 열릴 예정인 제2회 전국대회에서 제안 검토하기로 했다. 이때 아키타(秋田)현 본부장 김재화, 도쿄 본부장 변영우, 도쿄 상임위원 오우영, 서상한 등이 '조련'의 '인민공화국' 지지에 반대한 것으로 알려지고 있다.[36)]

이처럼 부관 항로 귀환선에 승선하여 한반도에 입국한 '조련' 파견원의 활동을 살펴보았다. 이 시기 귀환선은 재일동포가 한반도 국가 건설에 참여하고자 하는 열망을 실현하는 수단이 되었다. 귀환선을 타고 한반도

36) 坪井豊吉, 『在日同胞の動き』, 自由生活社, 1975, pp.95-97.

로 건너오는 재일동포 가운데는 대부분 정치적인 성향과는 무관하게 민족 차별이 잔존하는 일본을 떠나 자신 혹은 부모의 고향으로 돌아와 생활을 영위하겠다고 하는 소박한 의지를 가지고 있었다. 그러나 일부 사람 가운데는 파견원과 같이 정치적 포부를 가지고 국가 건설에 참여하고자 하는 의지를 가진 자들도 있었던 것이다.

이들이 귀환선을 탄 시기는 아직 일본 점령 당국에 의한 체계적인 귀환 정책이 수립되지 않은 시기였다. 또한 귀환자들의 행동에 대한 치안 당국의 통제가 철저하게 이루어지지 않았기 때문에 다시 일본으로 돌아가는 일도 그다지 어렵지는 않았다. 따라서 이러한 상황을 이용하여 '조련' 대표단은 귀환을 목표로 하지 않고도 귀환선을 이용할 수 있었다.

이들은 한반도에 들어와 동포들의 국가 건설 현장을 지켜보고 이 과정에서 분출되는 에너지를 충분히 목격했다. 그러나 그들이 희망하던 새로운 조국 '인민공화국'은 현실적으로 군정 당국으로부터 인정받지 못하는 단체에 불과했다. 또한 사회개혁적인 성향을 공통분모로 하여 모였지만 내부적으로 각양각색의 정치사상이 혼재되어 있을 뿐 아니라 정치적 행동 노선을 둘러싸고 구성원들의 이합집산이 빈번하게 이루어지는 취약한 모임이었다.

이렇듯 '인민공화국'의 현실적인 한계와 미래상을 둘러싸고 조직 내에 갖가지 해석과 전망이 혼재하는 가운데, '조련'에서는 본국지향적 민족운동의 방향을 설정해야 하는 필요에 부딪히게 된다. 그 직접적인 계기가 모스크바회의에 대한 조직적 태도를 결정하기 위해 이듬해 2월에 열린 임시전국대회였다. 일본 공산당의 영향을 받으며 한반도의 혁명적 자치정부를 희망하던 '조련' 지도자들은 대부분 '인민공화국'을 지지했다.

그러나 이에 불복하고 한반도의 신탁통치 반대를 주장한 우파 세력들은 '조련'의 좌경화를 강하게 비판하고 이에 대항하는 조직을 강화시켜 갔다. 이처럼 좌우 대립 가운데 국가 건설이 이루어지는 한반도의 정치적 움직임이 재일동포 사회에도 연동되어 나타난 것이다.

## 4. 부관 항로 귀환자들의 회상

### (1) 부관 항로로 귀환한 일본인의 회상

일본인 귀환자들의 회상에 나타나는 시대 인식을 연구한 것으로는 다카사키 소지(高崎宗司)와 나리타 류이치(成田龍一)의 연구를 꼽을 수 있다. 다카사키는 식민지 한반도에서 거주했던 일본인들을 식민지 인식에 따라 세 가지 유형, ① 일본이 식민지에 공헌했다고 생각하는 유형, ② 식민지 시절을 그리워하는 유형, ③ 한인들의 식민지 인식에 대해 관심과 이해를 갖는 유형으로 분류할 수 있다고 하는 문제를 제기한 바 있다.[37)]

한편 나리타는 일본인 귀환자들이 회고록을 통해 일본 사회에서 패전 이후 오늘날에 이르기까지 시기별로 어떠한 기록을 남겼는지를 조사했다. 그는 전반적으로 귀환자들의 기록에서 식민지주의에 대한 인식이 결여되어 있음을 지적하면서, 1950년을 전후한 '체험의 시기'에는 귀환자와 소련 억류자 대부분이 천신만고 끝에 가족과 조국 일본과의 만남을 성취하는 과정을 그리고 있다고 했다. 또한 1970년을 전후한 '증언의 시기'에는 귀환자들이 다양한 표현 수단을 통해 전쟁 이전과 이후의 일본을 포

37) 高崎宗司,『植民地朝鮮の日本人』, 岩波書店, 2002, pp.201-207.

함한 해당 국가의 폭력을 비판하는 움직임이 강하게 나타났고, 1990년대 이후의 '증언의 시기'에는 국가 폭력에 대한 보상을 적극 요구하는 움직임이 나타나고 있다고 했다.[38]

여기서는 야마구치(山口)현의 나가토(長門)시가 편찬한 회고 기록집[39]을 통해 일본인 귀환자들의 회고 내용을 살펴보고자 한다. 나가토시는 1995년 9월 2일, 이 날 고안마루가 귀환선으로서 처음으로 일본인 귀환자들을 입항시킨 것을 기념하여 '해외인양 50주년 기념식'을 개최했다. 그와 함께 기념사업으로 귀환자들의 체험 수기, 회고 등을 일본 전국으로부터 모집하여 『역사의 증언』이라는 책자를 발간했다. 다음은 해당 기록집 가운데 귀환선을 타고 부관 항로를 거쳐 귀환한 것으로 파악되는 15명의 일본인을 대상으로 하여, 편집되고 절제된 표현들 가운데 나타나는 그들의 회고 내용을 정리한 것이다. 이 자료는 귀환자들로부터 받은 회고 기록을 한 데 모은 자료로서 부관 항로 귀환 일본인의 면면을 살펴보기에 가장 적절한 것으로 판단된다.

### 귀환 원호에 감사

귀환 원호 사업을 기념하여 수기를 모집한 까닭인지 많은 수의 귀환자들이 센자키에 상륙하여 원호를 받은 것에 대해 감사하는 글을 남기고 있다. 반면에 식민지 지배나 귀환하지 않을 수밖에 없었던 상황에 관한 자신의 견해나 느낌에 대해서는 언급을 회피하고 있다. 이러한 성향의 수기로는 다음과 같은 것이 있다.

38) 成田竜一, 「引揚げと抑留」, 『帝国の戦争経験』(岩波講座 : アジア太平洋戦争 4), 岩波書店, 2006, pp.179-207.

39) 長門市(編), 『歴史の証言 : 海外引揚50周年記念手記集』, 海外引揚50周年記念事業実行委員会, 1995.

① 이름: 사쿠노미야(作宮諄)

회고 당시 거주지: 이바라키(茨城)

대전 → 부산 → 센자키(仙崎) 경로로 귀환

1945년 9월 귀환, 당시 13세

패전 당시 부친이 충청남도 도청의 학무과에 근무하고 있어서 부친과 함께 귀환하지 못하고 모친과 둘이서 귀환했다. 센자키항에 도착해서 고안마루로부터 사다리를 타고 소형 선박으로 내려올 때 무서웠던 기억을 기록했다. 그리고 다음과 같이 귀환 당시 따뜻한 손길을 내밀어 준 사람들에게 감사하고 있다.[40)]

> 아침의 센자키항은 어촌이었기 때문에 매우 한산한 마을이었는데 귀환하는 사람들로 가득했습니다. 당시 마을의 관공서 사람들이었다고 생각합니다. 팔뚝에 원호국 마크를 하고 재빠르게 사람들의 흐름을 정리하고 있었습니다. 나는 기다리고 있는 사이에 어느새 잠이 들었는데, 눈을 떴을 때는 등에 DDT가 뿌려졌습니다. 그리고 배급받은 맛있는 주먹밥, 그리고 맛있는 토란이 들어간 도시락, 정말 기쁨의 눈물이 나왔습니다.

② 이름: 가네코(金子堅太郎)

회고 당시 거주지: 군마(群馬)

군산 → 부산 → 센자키 경로로 귀환

1945년 중에 귀환, 당시 7세

패전 당시 8인 가족으로 군산에 거주하면서 150정보의 쌀 농장을 가지고 유복한 생활을 영위했다. 센자키항에 무일푼으로 귀국해서 당시 어

40) 위의 책, pp.43-45.

린 가슴에 깊이 각인된 것은 나가토 시민들이 하룻밤 묵을 수 있도록 흔쾌히 맞아준 것과, 당시에 맛있는 주먹밥을 대접받은 일이었다. 그는 그 때의 주먹밥 맛이 오늘날까지 자신을 농업에 인생을 걸게 했다고 기록했다.[41)]

③ 이름: 우메다(梅田朝雄)

회고 당시 거주지: 기후(岐阜)

부산 → 센자키 경로로 귀환

1945년 10월 말 귀환, 당시 군인

패전 후 2개월 동안의 고된 생활 후 부산에서 고안마루 귀환선을 보고 눈물을 흘렸다. 아름다운 센자키 해안선은 귀국의 안도감과 함께 고국의 따스함을 안겨주었다. 상륙시키기 위해 소형 선박을 조종해 준 여성이 아니었더라면 이렇게 오래 살지 못했을 것이다. 센자키 사람들, 특히 패전 당시의 국방부인회 여성들에게 감사한다는 기록을 남기고 있다.[42)]

④ 이름: 나가오카(永岡綾子)

회고 당시 거주지: 시마네(島根)

서울 → 부산 → 센자키 경로로 귀환

1945년 11월 귀환, 당시 나이 불명

귀환에 관한 회상을 단가로 표현했다. 부산에서의 피난민 행렬과 화차들 풍경, 끝없이 펼쳐지는 현해탄 풍경, 기울어진 채 정박한 고안마루, 야간 불빛에 빛나는 센자키 항구 등을 묘사했다. 센자키에 밤중에 도착하

41) 위의 책, p.48.

42) 위의 책, pp.200-201.

여 주먹밥을 받아먹을 때 따뜻한 인정을 느끼며 눈물을 흘렸다고 회고하고 있다.[43)]

⑤ 이름: 하마지(濱治朝子)

회고 당시 거주지: 오카야마(岡山)

부산 → 센자키 경로로 귀환

1945년 11월 귀환, 당시 23세

고안마루 귀환선에서 센자키항에 상륙하니 따뜻하게 맞아주었다, 물자가 부족한 시대에 커다란 주먹밥을 받아들고 일본에 도착했다는 안도감을 느꼈고, 많은 사람들의 인정에 용기를 얻었다, 귀환 당시 따뜻한 원호를 해 준 센자키항의 부인회 여러분에게 감사하다는 글을 남겼다.[44)]

### 귀환의 기쁨

또한 많은 수의 귀환자들이 부산항을 떠나 센자키 항구에 상륙하는 과정에서 무사히 일본에 귀환한 것을 마냥 기뻐하는 글을 남기고 있다. 반면에 식민지 지배나 귀환하지 않을 수밖에 없었던 상황에 관한 자신의 견해나 느낌에 대해서는 언급을 회피하고 있다. 이러한 성향이 두드러지게 나타나는 수기로는 다음과 같은 것이 있다.

① 이름: 이시다(石田寿恵子)

회고 당시 거주지: 지바(千葉)

43) 위의 책, pp.256-257.

44) 위의 책, pp.257-258.

서울 → 부산 → 센자키 경로로 귀환

1945년 11월 14일 귀환, 당시 12세

조부가 일찍이 조선에서 살기 시작하여 그녀는 서울에서 출생했다. 여학교에 들어간 지 얼마 되지 않아 패전을 맞았다. 용산역에서 가족들과 함께 화물차를 타고 귀환하려는데 친하게 지내던 조선인 한 사람이 떡과 달걀로 도시락을 만들어 건네주었다. 부산에 도착해서 사찰과 세관 창고에서 각각 하룻밤을 보냈다. 고안마루에 승선, 센자키항에 내려서도 상륙하자마자 말린 살구가 들어있는 맛있는 주먹밥을 받았다. 상륙 이튿날에는 여관에서 숙식하면서 온천욕을 즐겼다. 어른들은 앞으로 살아갈 일에 대해 서로 이야기했지만, 어려서 아무 것도 모르는 자신은 마냥 즐거웠다고 회고했다.[45]

② 이름: 니시무라(西村杢美)

회고 당시 거주지: 오사카

서울 → 부산 → 센자키 경로로 귀환

귀환 시기 불명, 귀환 당시 초등학생

부친과 오빠를 서울에 남겨두고 할머니, 모친, 누이와 함께 여성들만 패전 직후 먼저 일본으로 귀환했다. 서울의 치안이 나쁘지 않아 여행을 떠나는 기분으로 기뻐하며 집을 나섰다. 고안마루로 센자키에 왔는데 태풍 때문에 며칠간 하선을 하지 못했다. 가족들이 어디로 가야할지 모르는 가운데 패전 직후 센자키 근처에서 따뜻하게 맞아주어 2년 동안 거주하게 되었다. 어린 시절 귀환 후에 야마구치현에서 신세를 진 여러분께 감사하다는 글을 남기고 있다.[46]

45) 위의 책, pp.76-80.

③ 이름: 나미카와(並河淳子)

회고 당시 거주지: 돗토리(鳥取)

서울 → 부산 → 센자키 경로로 귀환

1945년 9월 귀환, 당시 12세

서울 출생으로 패전 당시 삼판(三坂)소학교를 다니고 있었다. 부산항에서 일본인 귀환자들의 처참한 모습들을 목격하고 귀환선으로 센자키에 도착했을 때, 그리워하던 조국에 돌아온 것에 감격했던 것을 다음과 같이 기록하고 있다.[47]

> 친절하게 말을 건네는 사람들이 센자키항에 넘쳤다. 일본이다, 일본에 돌아왔다. 트럭에 올라탄 사람, 짐차를 끄는 사람, 센자키에서 많은 사람들의 웃는 얼굴들이 우리를 에워쌌다. 나는 그저 기쁘기만 했다. 센자키의 아주머니들이 내 등에서 무거운 짐을 친절하게 내려주었고 차에 실어주었다. 우리는 모두 가벼운 몸으로 철도역으로 이동했다.

④ 이름: 기쿠모토(菊本德吉)

회고 당시 거주지: 히로시마

부산 → 센자키 경로로 귀환

1945년 11월 귀환, 당시 나이 불명

부산을 떠나 드디어 섬들이 보였을 때 꿈에 그리던 일본에 돌아왔다고 느꼈다. 그는 센자키에 상륙한 것을 다음과 같이 감격스럽게 회고하고 있다.[48]

46) 위의 책, pp.240-241.

47) 위의 책, pp.245-248.

겨울의 긴 밤이 지나가고 새벽이 밝았다. 그리고 바람이 멎었다. 자, 이제 상륙할 수 있다, 부모 계신 곳으로 갈 수 있다, 라고 생각했을 때에는, 어서 부선(艀船)이 오기를 기원하는 마음으로 눈물이 났다. "여기까지 왔는데 바다에 빠질 수 있나" 하고, 길고 급한 사다리를 한발 한발 조심스럽게 내려와 마침내 작은 부선을 탔다. 파도에 흔들리는 가운데 조마조마 하는 마음으로 센자키 부두에 도착했다. 그날은 아주 맑은 날로 잊을 수가 없는 11월 18일이었다.

⑤ 이름: 도키무네(時宗房子)

회고 당시 거주지: 히로시마

서울 → 부산 → 센자키 경로로 귀환

1945년 10월에 귀환, 당시 6세

철도원이었던 부친은 열차 수송업무 때문에 서울에 남고 모친과 누나 3명과 함께 여성들만 귀환길에 올랐다. 부산에서 고안마루에 올라 선실에 앉았을 때 이제까지 보지 못한 일본에 돌아간다는 생각에 기뻤다. 그녀는 조마조마 하는 마음으로 센자키 해안 모래사장에 발을 내딛었을 때 정말 안심이 되었다고 기록하고 있다.[49]

## 귀환의 고통과 억울함

대부분의 귀환자들이 귀환 과정에서 어려움을 겪었다. 따라서 장문으로 쓰인 귀환에 관한 회고록을 보면 한결같이 귀환 과정에서 겪은 곤란을 언급하지 않은 것이 없다. 다만 본 논문에서 대상으로 하는 수기집에는 200자 원고지 10장 내외의 짧은 수기들이 들어있고 각각의 수기들은

48) 위의 책, pp.258-259.

49) 위의 책, pp.263-266.

귀환 경험자들이 반드시 후세에 전달하고자 하는 내용을 담고 있다고 해도 과언이 아니다. 짧은 회상 기록 가운데서 유독 귀환 과정에서 겪은 고통을 강조한 수기로는 다음과 같은 것이 있다.

① 이름 : 고구레(小暮久仁子)

회고 당시 거주지 : 군마(群馬)

군산 → 부산 → 센자키 경로로 귀환

1945년 10월 귀환, 당시 11세

군산에서 쌀 농장을 경영한 그녀의 부친이나 온 가족에게 있어서 패전의 고통은 컸다. 태어나고 성장한 고향을 돌 던지기로 쫓겨나듯 나와 화물열차에 실려서 아직 보지도 못한 조국을 향해 귀환 길에 올랐다. 배낭에 소지품을 채운 채 목숨만 부지하면서 귀환했다. 귀환선 고안마루 안에서는 승객들의 배멀미가 심하여 구토물에 의한 악취가 심했다고 하며 귀환 과정의 고난을 강조했다. 그녀의 고난에 대한 회상은 센자키에 도착해서도 이어진다.[50)]

밤늦게 겨우 우리 가족과 친지 10명에 대한 하선 차례가 다가왔습니다. 작은 해안이기 때문에 본선에서 부선으로 옮겨 타야 했습니다. 당시 초등학교 5학년생이었던 나는 갓 태어난 친지의 남자 아이를 업어야 했습니다. 그때까지 어린애를 업어본 일이 없었지만 불평할 수도 없었습니다. 묵직한 아기는 내 어깨에 파고드는 것 같았습니다. 어둠 가운데 비치는 바다, 넘실거리며 밀려오는 파도, 눈 아래에 보이는 풍경은 마치 지옥과 같았습니다. 심하게 흔들리는 판자 하나를 건너야 했습니다. 두 사람의 선원이 내미는 손에 의지하여 하나, 둘, 셋 호령에 맞추어 건너갔습니다. "밑을 보지 말고 앞만 보세요." 엄한 목소리에 거드는 사람이나 건너는

50) 위의 책, p.46.

사람 모두 목숨을 걸고 있었습니다. 이때 무서웠던 일은 일생 잊지 못하며 지금도 몸서리치는 것 같습니다.

② 이름: 사토(佐藤正子)

회고 당시 거주지: 지바

서울 → 부산 → 센자키 경로로 귀환

1945년 10월 귀환, 당시 10대 여학생

그녀는 서울의 여학교 교실에서 패전을 알리는 라디오 방송을 들었다. 쇠약한 부친을 모시고 언니와 조카와 함께 나가사키로 향했다. 고안마루에서 내려서 배급받은 주먹밥이 찰밥이 아니라 수수였던 것을 보고 일본의 식량난을 실감했다고 했다. 서울에서는 아무런 부자유함 없이 지내왔는데, 귀환 후에는 생활을 위한 투쟁이 시작되었고 귀환 후의 일은 별로 떠올리고 싶지 않다고 했다.[51]

③ 이름: 이쿠타(生田砂男)

회고 당시 거주지: 아이치(愛知)

서울 → 부산 → 센자키 경로로 귀환

귀환 시기 불명, 패전 당시 29세

그의 부친이 한일합방 전에 시멘트 기술자로 한반도에 이주한 까닭에 서울에서 출생하고 성장했다. 그의 회고 기록에서는 귀환선을 타기까지 남한에서 겪은 고통에 대한 기록이 상대적으로 많이 보인다. 패전과 함께 서울의 정세가 급변하자 가족회의를 통해 조기 귀환을 결정했다. 부모를 서울에 남기고 무거운 몸의 부인과 세 명의 어린 아이들을 데

51) 위의 책, pp.68-72.

리고 30년간이나 살아온 생가를 떠났다. 서울역에서 귀환 열차를 타기 위해 심야에 인적 드문 길을 걸었던 기억은 지금도 결코 잊을 수가 없다고 했다.[52)]

④ 이름: 오쿠무라(奥村茂)

회고 당시 거주지: 교토

북한 → 서울 → 부산 → 센자키 경로로 귀환

1946년 6월 귀환, 당시 26세

그는 북한을 탈출한 일본인 귀환자들에게 공통적으로 보이는 것처럼 귀환 과정에서의 고통스러웠던 기억을 떠올리고 있다. 본인과 부모 그리고 여동생은 원산의 일본인 세화회 지원으로 북한에서 집단 탈출했다. 머나먼 고국으로 가는 길은 언제나 위험에 노출되어 있었고 산과 들을 방황했으며 밤에도 한 잠도 자지 못하고 공포에 떨면서 비참한 도피 여행을 계속했다. 현재 보존하고 있는 센자키 인양원호국 발행의 귀환증명서나 귀환 때에 이용한 철도승차권 등은 귀환 때의 고통을 잘 말해 주고 있다고 했다. 귀환 50주년을 맞아 달랑 옷만 걸치고 기아선상에서 헤맨 고난의 날들을 생각하게 된다고 하며, 고통스런 귀환 과정을 메모한 자신의 일기 일부를 공개했다.[53)]

### 식민지 지배에 대한 반성

극히 일부분의 귀환자 수기 가운데에는 귀환 당시의 곤란을 회상하면서도 식민지 지배의 잘못을 반성하고 지적하는 수기가 보이기도 한다.

52) 위의 책, pp.224-226.

53) 위의 책, pp.230-231.

이 수기집 자료 가운데 부관 항로 귀환자 중 유일하게 마쓰나가 이쿠오(松永育男)가 이러한 성향의 수기를 남기고 있는 것으로 파악된다.

① 이름: 마쓰나가(松永育男)

회고 당시 거주지: 시즈오카(静岡)

북한 → 서울 → 부산 → 센자키 경로로 귀환

1946년 5월 귀환, 당시 8세

그는 원산을 떠나 산길을 넘어 남하하는 과정에서의 어려움과 센자키 상륙 때의 감격스러움을 회고하면서도 귀환 과정에서 도와준 한인에 대해 감사하는 마음과 식민지 지배에 대한 반성의 마음을 다음과 같이 기록하였다.[54)]

> 여기에 기록해 두어야 할 일이 있다. 원산에서 38도 선을 넘을 때까지는 대부분 도보로 이동했다. 그때 조선 사람들로부터 때때로 친절한 대접을 받았는데 위험한 경우를 당한 일은 없었다. 서울에서 부산, 부산에서 센자키, 이 사이에 식량을 확보하는 일이 곤란하기는 했지만 굶는 일은 없었다. 지금 생각해 보면, 조선 사람들은 8·15해방 이후에 건국준비위원회를 설립해서 미·소 대립 사이에서 놀라운 통치 능력을 발휘했던 것이다. 일본은 조선 사람들에 대해서 '내선일체(內鮮一體)' '동조동근(同祖同根)' '일시동인(一視同仁)' '천황폐하의 적자(赤子)'라고 구슬리며 동화 정책을 추진해 왔다. 그것은 말로 다할 수 없는 민족 차별(창씨개명, 신사참배, 일본어 강제), 형언할 수 없는 냉혹한 처사(사상범 정치범이 된 사람들), 참을 수 없는 굴욕(강제연행, 종군위안부)이었다.

또한 그는 기록의 마지막 부분에서 고준석의 저서 내용을 인용하면

54) 위의 책, pp.206-210.

서 건국준비위원회가 일본인의 생명과 재산을 보호하는데 전력을 다했다고 했다.[55] 그리고 일본인 식민자들이 여전히 한인들에 대해 적대적인 행위를 계속하고 있었는데도 불구하고 해방된 한인들은 일본인 귀환자들을 동정하고 귀환에 협력했다고 했다. 그는 자신이 귀환 과정에서 겪은 체험이 그것을 증명하고 있다고 했다.

### (2) 부관 항로로 귀환한 한인들의 회상

식민지 지배 말기 전시체제에서 강제로 노동 현장에 동원된 한인들에 관한 자료를 일본 정부가 공개하지 않는데다가 강제동원 피해자들 대부분이 문맹이거나 문필 능력을 갖지 못하여 이들의 귀환 당시의 상황을 직접 관찰하고 조사하는 것은 어렵다. 이러한 자료의 한계를 극복하고자 하는 노력 가운데 하나로 1990년대에 들어서부터 생존자들로부터 음성 녹음을 채취하고 구술 기록들을 수집하는 연구가 한국에서 실시되고 있다. 한인 귀환자 회상 자료와 관련하여 1990년대 중반에 정혜경 연구원이 강제동원 피해자들로부터 구술을 받아내고 데이터베이스 작업을 한 것은 관련 연구사에 있어서 선구적인 작업이었다고 평가할 수 있다.[56]

이 글에서는 '강제동원진상규명특별법 제정을 위한 추진위원회'의 조사연구실이 독립운동사연구소의 연구비 지원을 받아 2001년 10월부터 2개월간에 걸쳐 집중적으로 실시한 구술 채취 결과를 분석하고자 한다. 이 구술 채취 결과는 「식민지기 강제연행관련 구술자료」로서 현재 독

55) 高峻石, 『朝鮮1945-1950 : 革命史への証言』, 社会評論社, 1985, pp.44-46.

56) 한국구술사연구회, 『구술사 : 방법과 사례』, 선인, 2005, pp.379-385.

립운동사연구소에 보존되어 있다.

또한 이 글에서는 '일제강점하강제동원피해진상규명위원회'의 노무 생존자 조사팀이 2005년 2월부터 전북 지역을 중심으로 조사 활동을 시작한 이래, 매월 구술 채취 작업을 실시하여 2006년 11월 시점까지 펴낸 세 권의 구술 기록집[57]을 분석대상으로 하고자 한다. 이 위원회는 2004년 11월 발족된 이후 2006년 11월까지 총 4권의 구술 기록집을 내놓고 있다. 이 가운데 일본 패전 직후에 귀환하여 한국에 거주하는 사람들로부터 구술 자료를 채취한 세 권의 단행본을 조사대상 자료로 한 것이다. 현 시점에서 볼 때, 이 구술 자료들은 한인 귀환자들의 회고 기록을 한 데 모은 것으로는 가장 유용한 자료라고 판단된다.

한인 귀환자의 구술 자료에서 공통적으로 나타나는 특징은 강제동원 노무자로서의 생활이 힘들었다는 내용을 담고 있으며, 귀환 과정에 대해서는 그 날짜와 항구 선박 등에 대해 불명확한 진술을 하고 있다는 점이다. 따라서 구술 자료가 일본제국 전시체제에 대한 포괄적인 감정과 인식을 느끼기에는 적절한 자료가 되지만, 구체적인 귀환 실태를 밝히기에는 실마리만 제공하고 있을 뿐이며 구술 내용에 대한 재구성이 필요하다고 본다.

진술자의 귀환 당시 나이에 대해서는 진술 내용과 관계없이 주민등록상의 생년월일에 따라 만의 나이를 기록하도록 한다. 대체로 진술 내용

57) 국무총리실 소속 일제강점하강제동원피해진상규명위원회 조사1과, 『당꼬라고요?』(강제동원 구술기록집 1), 2005; 국무총리실 소속 일제강점하 강제동원피해 진상규명위원회 조사1과, 『똑딱선 타고 오다가 바다 귀신 될 뻔 했네』(강제동원 구술기록집 3), 2006; 국무총리실 소속 일제강점하 강제동원피해 진상규명위원회 조사1과, 『가긴 어딜 가? 헌병이 총 들고 지키는데』(강제동원 구술기록집 4), 2006.

에 있어서는 주민등록상 나이보다 많은 나이를 진술하고 있다. 면담 내용에 있어서 징용되어가는 과정과 징용 생활에 질문과 응답이 집중되어 있으며 귀환 과정에 대해서는 대체로 진술 내용이 적다.

① 이름: 소중규
면담 당시 거주지: 서울
아오모리(青森) → 마이즈루(舞鶴) → 센자키 → 부산 경로로 귀환
1945년 9월경 귀환, 당시 22세

2년간의 강제동원 노무자 생활을 마치고 우시시마마루 배를 타고 귀환길에 올랐다. 마이즈루에서 조난사고를 당했다가 규슈로 이송되었다. 며칠간 수용되었다가 시모노세키로 이송되었으며 센자키에서 귀환선을 탔다. 귀환 과정에 대해서는 귀환선을 타지 못해 개별적으로 선박을 빌려서 귀환하는 사람들의 모습과, 귀환선에 집단 노동자들과 함께 일반인들도 많이 있었다고 하는 점을 회상했다.[58)]

② 이름: 이연석
면담 당시 거주지: 전남
오사카 → 센자키 → 부산 경로로 귀환
1945년 10월경 귀환, 당시 22세

오사카 조선소에서 1년간의 강제동원 노무자 생활을 마치고 패전 직후 음력 9월에 시모노세키를 거쳐 귀환길에 올랐다. 귀환에 대한 기억으로는 귀환항을 "시모노세키 위에 있는 항구에 한국 사람들이 많이 모여

58) 「식민지기 강제연행관련 구술자료」(면담자: 이홍기, 면담일: 2001년 11월 17일).

있었다"고 하여 센자키임을 알게 해주고 있다. 회사에서 센자키까지 인솔해 주었던 것과 여비로 돈을 받았는데 부산항에 귀국한 직후 모두 도난을 당했다는 것을 회상하고 있다.59)

③ 이름: 최완식

면담 당시 거주지: 전남

후쿠오카(福岡) → 센자키 → 부산 경로로 귀환

1945년 9월 귀환, 당시 25세

후쿠오카현의 탄광에서 2년간의 강제동원 노무자 생활을 마치고 패전 직후 음력 9월에 시모노세키를 거쳐 귀환길에 올랐다. 귀환에 대한 기억으로는 해저터널을 통해 시모노세키로 이송된 것을 기억하고 있다. 탄광회사에서 센자키로 추측되는 귀환항까지 인솔해 주었던 것과 여비로 적은 돈을 받았다고 진술했다.60)

④ 이름: 김종택

면담 당시 거주지: 전남

홋카이도(北海道) → 아오모리 → 센자키 → 부산 경로로 귀환

1945년 9월 귀환, 당시 17세

1944년 8월에 해군지원병으로 입대하여 홋카이도의 에도로프 경비부대에서 복역하던 중 일본 패전을 맞았다. 경비부대에 배치될 때 부관연락선을 타고 시모노세키에 상륙했다. 귀환에 대한 기억으로는 선박의 이름은 기억하지 못하나 부관연락선을 타고 귀환한 것으로 기억하고 있다.

59) 위의 자료(면담자: 남신동, 면담일: 2001년 11월 24일).

60) 위의 자료(면담자: 남신동, 면담일: 2001년 11월 24일).

귀향증명서를 가지고 귀환선에 승선했으며 귀환 비용은 일체 무료였다. 군부대에서 월급을 공탁한 것으로 기억하고 있다.[61)]

⑤ 이름: 김효병

면담 당시 거주지: 전남

중부(中部)지방 → 센자키 → 부산 경로로 귀환

1945년 9월경 귀환, 당시 21세

1944년 9월에 징병으로 입대하여 중부 지방의 모리모토(森本) 부대에 배치되어 복역하던 중 일본 패전을 맞았다. 부대에 배치될 때 부관연락선을 타고 시모노세키에 상륙했다. 귀환에 대한 기억으로는 귀환 시기와 선박의 이름은 기억하지 못하나 부관연락선을 타고 귀환한 것으로 기억하고 있다. 또한 귀환 비용은 일체 무료였으며 시모노세키에서 귀환선을 탈 때까지 일주일 이상 대기했던 것으로 기억하고 있다.[62)]

⑥ 이름: 이강석

면담 당시 거주지: 서울

미에(三重) → 센자키 → 부산 경로로 귀환

1945년 9월 귀환, 당시 21세

군속으로 미에현의 군부대에서 13개월 정도 복역하다가 귀환 길에 올랐다. 귀환에 대한 기억으로는 시모노세키 부근 어디에선가 집결해서 승선한 것으로 기억하고 있다. 귀환하는 데 있어서 부대에서는 귀환을 위한 수송수단만을 제공했을 뿐 월급이나 귀환 비용은 전혀 지급하지 않았

61) 위의 자료(면담자: 표영수, 면담일: 2001년 11월 23일).

62) 위의 자료(면담자: 우수미, 면담일: 2001년 11월 24일).

다고 진술했다.[63)]

⑦ 이름: 조규순

면담 당시 거주지: 전북

아오모리 → 교토 → 센자키 → 부산 경로로 귀환

1945년 9월경 귀환, 당시 16세

8개월 동안 해군 군속으로 아오모리현의 군부대에 배치되어 복역하다가 거기에서 귀환 길에 올랐다. 아오모리에 배치될 때 부관연락선을 타고 센자키로 상륙했다는 증언을 하고 있으나, 정황으로 미루어 볼 때, 귀환할 때의 센자키와 혼동하고 있는 것으로 보인다. 아오모리에서 귀환항으로 나오는 길에 가지고 있던 짐을 모두 잃었으며 센자키에서 귀환선을 탈 때까지 한 달 정도를 대기했다고 진술했다. 다른 사람에 비해 기억이 희미할 뿐 아니라 진술 내용이 혼란스러울 정도로 정돈이 되지 않아 진술 내용의 신빙성에 의문을 갖게 한다.[64)]

⑧ 이름: 이사형

면담 당시 거주지: 전북

니가타(新潟) → 센자키 → 부산 경로로 귀환

1945년 9월경 귀환, 당시 18세

니가타현의 전기공장에서 2개월 반 정도 일을 하다가 귀환 길에 올랐다. 귀환에 대한 기억으로는 공장에서 인솔하여 시모노세키에 데려다 주었고 거기서 배를 타고 부산으로 들어왔다고 했다. 일본에 건너갈 때에

63) 위의 자료(면담자: 이홍기, 면담일: 2001년 11월 17일).

64) 위의 자료(면담자: 표영수, 면담일: 2001년 11월 24일).

비해 귀환선이 빨랐다고 하며, 퇴직금 같은 것은 지급 받은 일이 없이 "노동 착취를 당했다"고 진술했다.[65)]

⑨ 이름: 박진형

면담 당시 거주지: 서울

도쿄 → 도치기(栃木) → 센자키 → 부산 경로로 귀환

1945년 9월경 귀환, 당시 19세

1943년 11월부터 도쿄에 있는 공작소에서 조립공으로 일하다가 1945년 6월에 미군 공습으로 공장이 파괴되어 이곳저곳에서 막일을 하며 생활했다. 일하면서 매월 20원 가량의 월급을 받았고 공장 폐쇄 때에도 약간의 돈을 받았다. 도치기현에서 돌관공사 노동자로 잠시 일하다가 귀환 길에 올랐다. 귀환에 대한 기억으로는 잡일을 해서 모은 돈을 가지고 센자키에서 연락선을 탔다고 진술했다. 당시에 조선인 귀환자 가운데에서 비교적 경제적으로 어려움을 덜 겪었다고 했다.[66)]

⑩ 이름: 이무순

면담 당시 거주지: 서울

이와테(岩手) → 센자키 → 부산 경로로 귀환

1945년 11월 귀환, 당시 17세

1943년 6월부터 이와테현에 있는 제철공장에서 노무자로 일하다가 해방을 맞았으며 해방 후 2개월간 화전 밭을 경작하며 생활하다가 회사

65) 국무총리실 소속 일제강점하강제동원피해진상규명위원회 조사1과, 『당꼬라고요?』(강제동원 구술기록집 1), pp.217-218(면담자: 김윤미).

66) 위의 책, pp.254-258(면담자: 허광무).

에서 마련해 준 선박으로 귀환 길에 올랐다. 귀환 과정에 대한 기억으로는 이와테에서 이틀 걸려 시모노세키에 도착했으며, 귀환선이 몇 만 명이 탈 수 있을 만큼 컸다고 했다. 하루 걸려 부산항에 도착했는데 귀환 당시 담배 값으로 쓰기에도 모자랄 정도로 적은 돈이었다고 한다.[67]

⑪ 이름: 유제철

면담 당시 거주지: 충남

가고시마(鹿兒島) → 모지(門司) → 센자키 → 부산 경로로 귀환

1945년 9월경 귀환, 당시 27세

1943년 2월에 가고시마현 소재 제련소로 동원되어 노무자로 일하다가 해방을 맞았다. 귀환 과정에 대한 기억으로는 모지에서 대기하고 있다가 연락선을 탔다는 것과 짐을 부쳤다고 기억하고 있다. 또한 승선 비용도 들지 않았고 여비를 받은 일도 없다고 진술했다.[68]

⑫ 이름: 김갑득

면담 당시 거주지: 충남

야마구치(山口) → 센자키 → 부산 경로로 귀환

1945년 9월 귀환, 당시 19세

1943년 12월에 야마구치현 소재 탄광으로 동원되어 노무자로 일하다가 해방을 맞았다. 탄광으로부터 돈을 받았으며 귀환선을 타기위해 한 달 정도 대기하다가 센자키에서 승선했다고 한다. 센자키에서 배를 기다

67) 위의 책, pp.328-329(면담자: 김형렬).

68) 국무총리실 소속 일제강점하강제동원피해진상규명위원회 조사1과, 『똑딱선 타고 오다가 바다 귀신될 뻔 했네』(강제동원 구술기록집 3), pp.42-46(면담자: 허광무).

리는 기간이 길어지면서 고생했던 일과 귀환선을 타고 부산에 내렸을 때 매우 배가 고팠다고 하는 진술을 했다. 다만 귀환선이 분명히 밀선은 아니었다고 하면서도 목선이었고 100명 정도 타는 작은 여객선이었다고 하는데, 이것은 아마도 귀환선으로 이송하는 소형 선박에 대한 기억과 혼동하고 있는 것이 아닌가 생각된다.[69]

⑬ 이름: 김동업

면담 당시 거주지: 충남

야마구치 → 센자키 → 부산 경로로 귀환

1945년 9월 귀환, 당시 31세

1943년 11월에 야마구치현 소재 탄광으로 동원되어 노무자로 일하다가 해방을 맞았다. 탄광으로부터 돈을 받았으나 공제하고 나서 조금 받았는데 먹을 것을 사고 나면 저축할 돈도 없었다. 치료비도 자비로 부담해야 했다. 귀환 과정에 대한 기억으로는 귀환항과 선박명에 대한 기억이 희미하며 다만 연락선이었다고 기억하는 정도다. 귀환선이 매우 커서 시끄럽지 않게 조용히 운행했다고 기억하고 있다.[70]

⑭ 이름: 명유진

면담 당시 거주지: 충남

이와테 → 센자키 → 부산 경로로 귀환

1945년 11월경 귀환, 당시 21세

69) 국무총리실 소속 일제강점하강제동원피해진상규명위원회 조사1과, 『가긴 어딜 가? 헌병이 총 들고 지키는데』(강제동원 구술기록집 4), pp.34-36(면담자: 김형렬).

70) 위의 책, pp.50-54(면담자: 고봉훈).

1942년 4월에 이와테현 제철 광산에 동원되어 노무자로 일하다가 해방을 맞았다. 회사에서 매달 월급은 받았지만 퇴직금은 받지 않았다. 해방 직전 7월에 광산에서 공습을 받아 사람들이 죽어가는 사고를 목격했다. 귀환과정에 대한 기억으로는 시모노세키인가 하는 곳에서 연락선을 탔으며 귀환항에서 화폐를 교환한 일이 있다고 진술했다.[71]

⑮ 이름: 송영빈

면담 당시 거주지: 충남

이와테 → 센자키 → 부산 경로로 귀환

1945년 11월경 귀환, 당시 16세

1945년 1월에 이와테현 제철 광산에 징용되어 노무자로 일하다가 해방을 맞았다. 회사에서 월급으로 매달 3엔에서 5엔 정도를 받았다. 그간 묶여 있던 물자들이 일시 방출되면서 풍부해진 것을 미군들이 낙하산으로 떨어뜨린 것으로 기억하고 있다. 퇴직금은 조금도 받지 않았으며 귀환 때 돈을 전혀 가지고 나오지 못했다고 한다. 귀환 과정에 대한 기억으로는 조선인 '자치연맹'(조련) 사람들이 각 정거장에서 귀환 안내를 했으며 시모노세키에서도 그 사람들의 안내를 받았다고 했다. 시모노세키에서 20일 정도를 기다려야 연락선을 탈 수 있었다고 하며, 귀환 항구에서 완장을 차고 활동하는 조선인에 대해 일본인들이 힘을 쓰지 못했다고 진술했다.[72]

71) 위의 책, pp.168-174(면담자: 허광무).

72) 위의 책, pp.193-195(면담자: 고현희).

## 5. 나오며

이상으로 일본패전 직후 부관연락선이 귀환선으로 바뀌어가는 과정을 밝혔으며, 관련 자료를 통하여 부관 항로를 중심으로 조선인과 일본인들이 얼마나 귀환했는지를 살펴보았다. 그리고 회상 기록과 구술 자료를 통하여 귀환자들이 식민 지배에 대해 어떠한 인식을 하고 있었는지도 살펴보았다. 이 글을 통해 패전 직후 부관 항로의 귀환자 실태와 귀환선 상황이 어떠했는지 독자들이 대강 이해할 수 있을 것으로 생각한다.

부산항에서 센자키항으로 귀환하는 일본인 귀환자가 25만 명에 달했으며, 센자키항에서 부산항으로 귀환하는 조선인 귀환자가 33만 명에 달했다. 일본인 귀환자들의 회상 기록에서는 주로 안전하게 귀환한 것을 감사하게 여기는 안도감이 많이 나타나고 있으며, 일부 소수 귀환자 가운데서 식민 지배에 대한 인식으로는 "식민지 상실이 분하다"라는 기술과, "식민지 지배가 잘못되었다"라는 기술이 나왔다. 반면에 조선인 귀환자들의 구술 기록에서는 모든 사람들이 '해방의 기쁨'을 나타냈다.

그런데 이 글에서는 부관 항로에 국한하여 귀환선과 귀환자 상황을 정리하는데 주력하다보니 임의적으로 연구 대상을 한정한 것이 많으며 따라서 폭넓은 범위와 시간에 대한 연구에는 이르지 못했다. 또한 귀환자들의 인식에 관한 연구에 있어서도 회고나 구술의 내용을 폭넓게 정리하고 해석하는 일은 하지 못했다. 예를 들어 식민지 지배에 대하여 구체적인 사항에 대해 각각 특징적인 기억을 가지고 있는 것을 규명하지 못했다.

단순한 작업은 아닐 것으로 예상되지만 분산되어 있는 귀환자들의 회고 기록들을 더욱 확대 수집, 정리하고 구술 자료를 더욱 발굴 생성해내는 작업과 함께, 귀환자들의 동태를 전하는 자료들을 분석함으로써 분류된 유형이 각각 어떠한 분포를 가지는지를 측정하는 일과 각각의 유형을 뒷받침할 수 있는 논거를 개발하는 일은 앞으로 귀환자에 관한 연구에서 수행해야 할 과제라고 생각된다.

ㅁ 이 글은 『한일민족문제연구』 11집(2006.12.)에 게재한 논문을 수정 · 보완한 것임.

**참고문헌**

국무총리실 소속 일제강점하강제동원피해진상규명위원회 조사1과, 『당꼬라고요?』(강제동원 구술기록집 1), 2005.

국무총리실 소속 일제강점하강제동원피해진상규명위원회 조사1과, 『똑딱선 타고 오다가 바다 귀신 될 뻔 했네』(강제동원 구술기록집 3), 2006.

국무총리실 소속 일제강점하강제동원피해진상규명위원회 조사1과, 『가긴 어딜 가? 헌병이 총 들고 지키는데』(강제동원 구술기록집 4), 2006.

재일본조선인연맹 중앙준비위원회, 『회보』 창간호, 1945.9.25.

재일조선인연맹, 「보고서」(1945년 11월), 朴慶植(編), 『朝鮮問題資料叢書第9卷 : 解放後の在日朝鮮人運動 I 』, アジア問題研究所, 1983.

최영호, 『재일한국인과 조국광복 : 해방직후의 본국귀환과 민족단체활동』, 글모인, 1995.

최영호, 「引揚援護局 자료에 나타난 仙崎에서 귀환하는 조선인」, 『한일민족문제연구』 7호, 2004.12.

한국구술사연구회, 『구술사 : 방법과 사례』, 선인, 2005.

「식민지기 강제연행관련 구술자료」(한국독립운동사연구소 소장)

高峻石, 『朝鮮1945-1950 : 革命史への証言』, 社会評論社, 1985.

金賛汀, 『関釜連絡船 : 海峡を渡った朝鮮人』, 朝日新聞社, 1988.

朴慶植(編), 『在日朝鮮人関係資料集成』 第五巻, 三一書房, 1976

朴慶植(編), 『朝鮮問題資料叢書第9巻 : 解放後の在日朝鮮人運動 I 』, 三一書房, 1983.

張錠寿,『在日60年・自立と抵抗』, 社会評論社, 1989.
加藤聖文,『海外引揚関係史料集成(国外篇)』第19巻, 朝鮮篇二,「終戦後朝鮮における日本人の状況および引揚」(二), ゆまに書房, 2002.
木村秀明,『ある戦後史の序章：MRU引揚医療の記録』, 西図協出版, 1980.
厚生省(編),『続々・引揚援護の記録』, クレス出版, 2000.
厚生省仙崎引揚援護局,『仙崎引揚援護局史』, 厚生省仙崎引揚援護局, 1946.
鈴木久美,「在日朝鮮人の帰還援護事業の推移：下関・仙崎の事例から」,『在日朝鮮人史研究』36号, 2006.3.
鮮交会(編),『朝鮮交通回顧録：終戦記録編』, 鮮交会, 1976.
鮮交会,『朝鮮交通史』, 三信図書有限会社, 1986.
高崎宗司,『植民地朝鮮の日本人』, 岩波書店, 2002.
田辺多聞,「終戦前後の釜山地方交通局管内事情」, 鮮交会(編),『朝鮮交通回顧録: 終戦記録編』, 鮮交会, 1976.
坪井豊吉,『在日同胞の動き』, 自由生活社, 1975.
長門市(編),『歴史の証言：海外引揚50周年記念手記集』, 長門市：海外引揚50周年記念事業実行委員会, 1995.
成田竜一,「引揚げと抑留」,『帝国の戦争経験』(岩波講座：アジア太平洋戦争 4), 岩波書店, 2006.
博多引揚援護局,『局史』, 博多引揚援護局, 1946.
萩原晋太郎,『さらば仙崎引揚港』, マルジュ社, 1985.
引揚援護庁長官官房総務課記録係(編),『引揚援護の記録』, 引揚援護庁, 1950.
広島鉄道管理局(編),『関釜連絡船史』, 日本国有鉄道広島鉄道管理局, 1979.
広部妥(編),『鉄道連絡船のいた20世紀』, イカロス出版, 2003.
丸山兵一,「慶尚南道および釜山の引揚」(二),『同和』166号, 1961.10.1.
丸山兵一,「朝鮮に於ける日本人の引揚状況」, 加藤聖文,『海外引揚関係史料集成(国外篇)』第19巻, 朝鮮篇二,「終戦後朝鮮における日本人の状況および引揚」(二), ゆまに書房, 2002.
森下研,『興安丸33年の航跡』, 新潮社, 1987.
森田秀夫,『朝鮮渡航と引揚の記録』, 秀巧社印刷株式会社, 1980.
森田芳夫,『在日朝鮮人処遇の推移と現状』(法務報告書第43集3号), 1955.10.
森田芳夫,『朝鮮終戦の記録：米ソ両軍の進駐と日本人の引揚』, 巌南堂書店, 1964.
「山陽新聞」2006.7.21.
「朝鮮人集団移入労務者等ノ緊急措置ニ関スル件」(警保局保発甲3号), 1945.9.1.

William J. Gane, *Repatriation: from 25 September 1945 to 31 December 1945*, Foreign Affairs Section, Headquarters United States Army Military Government in Korea, 1947.

# 부관연락선과 부산 관련 연표

**1901년**

8. 20. 경부철도 공사 초량에서 기공식을 갖고 착공.

**1901년**

7. 9. 제1차 북빈 매축공사 착공.

**1904년**

2. 10. 러 · 일전쟁 발발.
4. 1. 부산세관 초량역에 지서 설치.
통관업무 담당 및 여행객 화물 검사.
11. 10. 초량 ~ 영등포 간 경부선 철도 부설공사 완공.

**1905년**

1. 1. 경부선 철도 운행 개시.
5. 23. 부산잔교 설치공사 착공.
5. 28. 경부선 철도 개통식 거행.
9. 11. 새로 건조된 壹岐丸 부관 항로 취항. 연락선 제1호.
초량 앞바다에 정박. 승객과 화물은 九重丸과 紅葉丸 등 육지로 이동.
11. 1. 새로 건조된 對馬丸 부관 항로 취항.
11. 17. 을사늑약 체결.
12. 북빈 매축공사 완공. 바다 41,374평 매립 선착장과 시가지 조성.

**1906년**

2. 1. 한국통감부 개청.
3. 2. 초대 통감 伊藤博文 착임.
4. 16. 초량과 서대문간 열차 운행 속도를 11시간으로 단축.
4. 20. 부산에서 한일박람회 개최.
7. 1. 경부철도가 국유철도가 되어 통감부 철도관리국에 인계됨.

부산해관공사 착공.

10. 1. 부산잔교 준공. 길이 100칸, 폭 5.5칸.
나무 잔교로 대형 선박 이용자에게 편의를 제공. 1916년 철거됨.

11. 17. 의병장 최익현 유해 부산항 도착.

12. 1. 山陽철도가 철도작업국 부산영업소를 설치.

### 1907년

1. 1. 「부산일보」 창간.

3. 1. 철도부대사업으로 부산항 내에 철도국 소속 소형 증기선을 운영.
여객화물의 육지연계수송을 담당.

4. 1. 山陽철도의 전면 국영화에 따라 부산영업소가 제국철도청 부산출장소로 개칭됨.

8. 10. 여객선 會下山丸이 용선되어 연락선으로 취항. 1911년 용선 해지.
이때부터 부관 항로에 매일 연락선이 운항됨.

### 1908년

4. 1. 부산역에서 경부선 출발 운행 개시. 경의선 영업도 개시.
부산~신의주 간 직통 야간급행열차 운행을 개시. 약 26시간 소요.

4. 27. 薩摩丸 용선 되어 연락선으로 취항. 1913년 용선 해지.

12. 5. 부관 항로가 일본 정부 철도원(院)의 서부철도관리국 소관이 됨.
제국 철도청 부산출장소가 서부철도 관리국 부산출장소로 개칭됨.

### 1909년

5. 5. 영선산 착평공사 착공.

5. 24. 서부철도 관리국 부산출장소가 서부철도 관리국 선박과 부산파출소로 개칭됨.

6. 19. 통감부 철도청이 설치됨.

12. 16. 한국철도가 일본제국 철도원 소관으로 이관됨.

### 1910년

3. 선박법, 선박검사법, 선박적량 측도법 제정 공포.

선박신호에 관한 건 공포. 선세징수에 관한 건 시행.
항로표시관리소 관제 시행.

8. 22. 일본제국 한일합병조약을 강제로 체결. 8월 29일 공포.

10. 1. 조선총독부 사무 개시에 따라 총독부 철도원(院) 설치됨.
부산 정거장 건물 준공.

11. 2. 일본 경찰관 고등경찰이 연락선에 승선하여 집무하기 시작함.

**1911년**

1. 20. 梅ヶ香丸 부관 항로 취항.

1. 부산항 제1기 해륙간 연락설비공사 착공.

3. 10. 연락선 안에서 조선은행권과 일본은행권의 교환업무 개시.

5. 15. 여객선 櫻丸이 용선되어 부관 항로 취항. 1913년 용선 해지.

10. 9. 화물선 仁義丸 용선되어 부관 항로 취항.

11. 1. 압록강 가교 공사 완성. 남대문~장춘 간 직통열차 운행 개시.

12. 29. 부관연락선 매일 두 차례 정기운항 개시.

**1912년**

1. 1. 연락선 안에서 철도 급행권 발매 개시.

4. 1. 일본국유철도 조선철도를 경유하여 만주철도선과 연결 수송업무 개시.

3. 31. 부산해관공사 완공. 제1잔교, 신선대 검역소 건설.

6. 15. 제1잔교 준공에 따라 연락선 발착 사용 개시.
부산~장춘 간 직통급행열차 운행 시작.

6. 19. 여객선 弘濟丸 용선되어 부관 항로 취항. 1914년 용선 해지.

7. 5. 부산 철도호텔 영업 개시.

8. 영선산 착평공사 준공.

11. 1. 일본~만주 급행열차 간 연락수하물 취급 업무 개시.

**1913년**

1. 31. 새로 건조된 高麗丸 부관 항로 취항.

3. 31. 착평공사 완공. 영선고개 절개. 바다 44,780평 매립. 시가지 간선도로 조성.

4. 1. 부산잔교(제1부두)가 준공되어 여기에서 주요 열차 발착.

4. 5. 새로 건조된 연락선 新羅丸 부관 항로 취항.
5. 1. 일본국유철도가 조선우선(郵船)과 여객화물 수송 업무 연대 개시.
5. 5. 서부철도관리국 선박과 부산파출소가 神戶철도 관리국 운수과 부산파출소로 개칭됨.
6. 부산진 제1기 매축공사 착공.
7. 1. 조선산 미곡의 일본 이입세가 폐지됨.
10. 1. 조선 만주철도를 경유하여 일본국유철도가 중국과의 연락수송 업무를 개시.

## 1914년

4. 조선선박령 공포.
8. 29. 弘濟丸 대신에 西京丸이 용선되어 부관 항로 취항. 1915년 용선 해지.
11. 17. 下關 철도 잔교가 전부 준공.

## 1915년

1. 13. 弘濟丸 다시 용선되어 부관 항로 취항. 1916년 용선 해지.
1. 20. 부산 노면전차 선로공사 착공.
6. 23. 관제 변경으로 神戶철도 관리국 운수과 부산파출소가 다시 서부철도 관리국 선박과 부산파출소로 개칭됨.
8. 28. 對馬丸에 무선전신국이 설치됨. 이후 대부분 연락선에 무선전화국이 설치됨.

## 1916년

4. 진해에 해군 요항부(要港部) 설치.
8. 30. 高麗丸 승객 중에서 콜레라 환자가 발견되어 이틀간 부산항에 정박.

## 1917년

4. 1. 일본 만주 북중국 사이의 우편물은 조선을 경유하게 됨.
8. 영도에 田尻조선소 창립. 선박 수리.
9. 13. 연락선에 조선경찰관이 승선하여 업무 개시.
10. 영도에 城崎조선소 창립. 어선 제조.
12. 부산진 제1기 매축공사 준공. 바다 144,188평 매립. 시가지 조성.

### 1918년

4. 15. 여객선 博愛丸 용선되어 부관 항로 취항. 1922년 용선 해지.

7. 1. 부산 제2잔교 준공. 사용 개시. 제1잔교에는 여객선, 제2잔교에는 화물선이 정박.

12. 부산항 제1기 해륙 간 연락설비공사 준공.

### 1919년

1. 부산항 제2기 해륙 간 연락설비공사 착공.

5. 1. 서부철도 관리국 선박과 부산파출소가 下關운수사무소 부산파출소로 개칭됨.

9. 3. 부산 제1잔교에서 정박 선박에 급수 시작.

10. 영도에 富森조선소 창립. 어선 제조.

12. 1. 下關운수사무소 부산파출소가 下關운수사무소 부산영업소로 개칭됨.

### 1920년

3. 영도에 百合野조선소 창립. 발동기선 제조.

5. 19. 부산항 제2기 해륙연락설비공사 기공식을 제2잔교에서 거행. 총독부 정무총감, 부산부윤 등 참석.

6. 23. 콜레라 창궐에 따라 부산항에서 채변 검역을 개시. 10월 23일에 종료.

8. 6. 조선에서 일본으로 수송되는 화물에 대한 일본 이입세 폐지.

8. 26. 미국 의원단 수송을 위해 新羅丸이 부산~神戶 간 임시 운항.

11. 영도에 竹内조선소 창립. 어선 제조.

### 1921년

1. 25. 영친왕 新羅丸으로 부산 입항.

3. 17. 부산잔교 남쪽 부두에서 정박 선박에 전기 공급 시작.

8. 16. 부산부두노동자 대규모 파업

9. 12. 부산부두 석탄운반 노동자 대규모 파업.

9. 26. 부산 부두노동자 5,000여 명 임금인상 요구 총파업.

10. 영도에 上田조선소 창립. 선박 수리.

10. 17. 콜레라 예방을 위한 채변 검역을 개시. 11월 7일 종료.

11. 동양척식주식회사 부산지점 설치.

1922년

2. 주식회사 澤山형제상회 창립. 선박대리점. 하역업. 통관업.

5. 18. 새로 건조된 연락선 景福丸 부관 항로 취항.

9. 9. 콜레라 예방을 위한 채변 검역을 개시. 10월 14일 종료.

11. 12. 새로 건조된 연락선 德壽丸 부관 항로 취항.

12. 16. 일본 도항 조선인의 본적지 경찰서 여행증명서 제도 폐지.

1923년

3. 12. 새로 건조된 연락선 昌景丸 부관 항로 취항.

6. 영도에 수산시험장 설치.

9. 3. 관동대지진 구원활동을 위해 高麗丸이 東京芝浦에 파견됨.

9. 4. 관동대지진 구원활동을 위해 景福丸이 東京芝浦에 파견됨.

9. 6. 조선인의 일본 도항이 금지됨. 12월에 경찰관 증명 있는 자에 한하여 도항 허가.

12. 부산에 주식회사 大池回漕店 개업. 선박대리점 및 하역업.

1924년

5. 1. 야간운항 연락선과 연결된 경부선 급행열차를 奉天까지 연장.

5. 30. 조선인의 일본 도항 전면 해제.

1925년

2. 조선기선 주식회사 창립. 부산~여수 간 여객선 운영.

3. 14. 德壽丸과 부산 下關잔교 사이에 관청용 무선전화 장치 설치됨.

4. 1. 조선총독부 철도국 설치. 경상남도 도청 진주에서 부산으로 이전.

1926년

5. 부산에서 양경환(梁卿煥) 상점 개업. 해운업 및 선박대리점업.

6. 영도 대풍포 매축공사 준공. 바다 40,200평 매립. 선류장, 시가지 조성.

8. 부산에서 中本조선철공소 창립. 어선 제조.

8. 4. 德壽丸에서 윤심덕과 김우진이 동반 투신자살.

10. 부산진 제2기 매축공사 착공.

1927년

3. 10. 景福丸과 昌慶丸에도 관청용 무선전화 장치 설치됨.

7. 30. 부산 제1잔교 남쪽 건물 준공.

1928년

2. 9. 부산 남항 수축공사 착공.

3. 17. 부산 제2잔교 (제2부두) 개축 준공.

3. 영도에 宇都宮조선소 창립. 어선 제조.

11. 11 북빈 연안무역 설비공사 착공.

12. 부산항 제2기 해륙 간 연락설비공사 완공.
제1잔교와 제2잔교 확장. 북항 입구 남방파제 축조.

1929년

6. 20. 연락선 선내에 광고물 게시 시작.

1930년

1. 조선중공업주식회사 창립. 선박 제조 및 수리.

2. 부산 남항 수축공사 착공.

4. 영도에 栗山조선소 창립. 어선 제조.

4. 영도에 松藤조선소 창립. 어선 제조.

5. 2. 영도에 西中조선소 창립. 발동기선 제조.

5. 14. 新羅丸 부산 정박 중 화물칸 화재 발생.

9. 30. 북빈 연안무역 설비공사 준공.

1931년

5. 14. 新羅丸 부산 제1잔교 접안 중 화재사고 발생.

8. 부산간선도로, 부산대교, 선류장 정리. 남항방사제 건설공사 착공.

9. 30 북빈 연안무역 설비공사 준공. 북빈 부두 안벽 181m 축조 및 창고 건립.

11.	영도에 田中조선철공소 창립. 선박 제조 및 내연기관 제조.

### 1932년

3. 3.	연락선 新羅丸 육군 병원선으로서 宇品~上海 간 임시 운항.
3. 8.	부산대교(영도대교) 착공.
7.	영도에 段上조선소 창립. 선박 수리.
9. 20.	부산 하물취급소와 식품검역소 준공
10.	영도에 池本조선소 창립. 부선 제조.
12.	영도에 田村조선소 창립. 발동기선 제조.
12.	부산진 제2기 매축공사 준공. 바다 162,050평 매립. 시가지 조성.

### 1934년

2.	부산 남항 방사제 210m 축조공사 준공.
3. 23.	부산부 청사 착공
4.	적기만 매축공사 착공.
7. 23	홍수로 경부철도선 불통.
	新羅丸 부산~여수 간 1왕복, 부산~목포 간 2왕복 임시 운항.
11. 23.	부산대교 준공 개통.
11. 24.	영도에 立石정유공장 준공.

### 1935년

3.	부산간선도로, 부산대교, 선류장 정리, 남항방사제 공사 준공.
8. 1.	廣島철도국이 개설되어 부관연락선 업무를 관장.
9. 21.	부산 방송국(JBAK) 개국.

### 1936년

1.	부산항 제3기 해륙 간 연락설비공사 착공.
3. 31.	부산부 청사 준공.
4.	적기만 매축공사 준공. 바다 150,000평 매립. 물양장, 도로 조성.
11. 16.	새로 건조된 金剛丸 부관 항로 취항.
12. 1.	경부선에 특급 '아카쓰키'호 운행. 6시간 45분 소요.

## 1937년

1. 12. 부산부두 노무자 300여 명 임금 쟁의.

1. 31. 새로 건조된 興安丸 부관 항로 취항.

1. 영도에 三技조선소 창립. 어선 제조.

7. 7. 중일전쟁 발발.

7. 10. 영도에 조선중공업 주식회사 창립.

10. 27. 新羅丸이 화물선으로 개조됨.

12. 16. 연락선용 예인선 第2鐵營丸 부산항에 배속됨.

## 1938년

1. 23. 下關항에 정박중인 德壽丸이 景福丸과 충돌하여 침몰. 4월 1일 부양됨.

2. 19. 연락선용 예인선 第4鐵營丸 부산항에 베속됨.

7. 21. 德壽丸 수리 완료되어 부관 항로에 다시 취항.

9. 1. 부산과 下關 사이에 철도성 전용 해저 전신 개통.
종래 선박을 통한 전보 업무는 폐지됨.

10. 1 부산~北京 간 직통 급행열차 '대륙'호 운행 개시.

## 1939년

2. 부산 남항 수축공사 준공. 바다 145,240평 매립.
남항 방파제 축조. 도로 시가지 조성.

11. 1. 부산~北京 간 직통 급행열차 '興亞'호 증편.

## 1940년

8. 1. 제주항 개항.

11. 1. 부산발 중국 북경행 大陸호 열차운행. 38시간 40분 소요.

11. 30. 새로 건조한 화물선 壹岐丸 부관 항로 취항.

12. 1. 조선지방철도국 관제가 공포되어 부산지방철도국이 설치됨.

## 1941년

4. 12. 새로 건조한 화물선 第2對馬丸 부관 항로 취항.

8. 15. 부산에서 일본기선주식회사 창립(조선기선, 광양기선, 입석기선 합병).

12. 8. 태평양 전쟁 발발.

12. 부산 제3부두 준공.

**1942년**

5. 21 연락선으로 만주이주 의용군 부산 입항 시작.
5월 24일까지 3,300명 입항.

6. 13. 昌慶丸 부산 북항 입구에서 좌초. 수리 후 9월부터 취항.

6. 22. 연락선편으로 만주이주 의용군 885명 부산 입항.

6. 23. 연락선편으로 만주이주 의용군 860명 부산 입항.

9. 27. 새로 건조된 天山丸 부관 항로 취항.

**1943년**

2. 1. 총독부 교통국 신설로 철도, 세관, 해사, 항공 등 기구 통합 발족.

4. 12. 새로 건조한 崑崙丸 부관 항로 취항.

7. 15. 부산~博多 간 항로 개설. 여기에 德壽丸과 昌慶丸 취항.

8. 30. 金剛丸 군사 장비 공사 완료.

10. 5. 崑崙丸이 미 잠수함 어뢰공격으로 침몰. 연락선 야간 운항 금지됨.

11. 1. 일본 정부 관제 변경으로 운수통신성 발족.
총독부 기구 변경으로 부산지방교통국이 설치됨.
부산세관, 부산역, 부산잔교가 부산부두국으로 통합됨.

**1944년**

3. 6. 일본 해군, 연락선 출항시간을 09시 15분~09시 30분으로 지정.

9. 15. 운수통신성, 부관 항로 경유 자동차 등 화물은 당분간 기범선으로 수송할 것을 지시.

**1945년**

3. 1. 부산~신의주 간 복선철도 준공.

4. 1. 興安丸 부관 항로 운항 중 어뢰에 접촉.

4. 10. 부산 제4부두 준공.

4. 19. 博多 정박 중인 對馬丸, 仙崎에 회항하여 仙崎~부산 간 운행됨.

4. 5. 壹岐丸 어뢰에 접촉.

5. 14. 어뢰 봉쇄로 일본 입항이 어렵게 되자 부산항에 金剛丸 天山丸 景福丸 德壽丸 壹岐丸 對馬丸 등 연락선 6척이 동시에 정박하는 진풍경 보임.

5. 19. 일본 정부 운수통신성이 운수성으로 관제 변경.

5. 25. 新羅丸 어뢰에 접촉 침몰.

5. 27. 金剛丸 어뢰에 접촉 하반부 침몰.

5. 30. 미군 기뢰 투하로 關門해협 통항이 위험하여 연락선 기지를 仙崎로 이동.

6. 5. 미군 기뢰 투하로 博多항 봉쇄되자 釜博 연락선 기지를 須佐로 이동.

6. 9. 미군 폭격기가 낙동강 하구를 항해중인 여객선 鷗丸을 폭격.

6. 20. 전황 악화로 부관 및 釜博 항로 중단.

7. 12. 부산항 어뢰로 사용 불능. 부산 입항 예정이던 天山丸 마산에 입항.

7. 16. 興安丸 울산에 입항.

7. 18. 昌慶丸 울산에 입항.

7. 21. 壹岐丸 포항에 입항. 天山丸 마산에 입항.

7. 28. 天山丸 항행 중 미전투기 공격으로 침몰.

7. 30. 昌慶丸 미전투기 공격으로 침몰.

8. 1. 미군기 수정동 주택가 폭격. 한국인 및 일본인 15명 사망.

8. 9. 소련 참전.

8. 15. 일본 포츠담 선언 수락.

8. 17. 부산항 등화관제 해제됨.

8. 20. 일본패전 이후 처음으로 興安丸 부산항 입항.

8. 21. 興安丸 일본인 귀환자를 싣고 부산항 출항.

8. 24. 德壽丸 일본인 귀환자를 싣고 부산항 출항.
SCAP(연합국군사령부), 선박운행 중지를 명령.

8. 28. SCAP, 귀환자 수송을 위해 부산과 仙崎·博多간 선박 운항을 허가.

8. 31. 興安丸 한인 귀환자를 싣고 부산항 입항.

9. 2. 興安丸 일본인 귀환자를 싣고 부산항 출항.

9. 2. 德壽丸 한인 귀환자를 싣고 부산항 입항.

9. 3. 德壽丸 일본인 귀환자를 싣고 부산항 출항.

11. 1. 미군정청 교통국 부산부두국 발족.

■ 주요 참고 자료

이종률, 『테마로 보는 부산항 이야기』, 해성, 1997.

田辺多聞, 「終戰前後の釜山地方交通局管內事情」, 鮮交會(編), 『朝鮮交通回顧錄 : 終戰記錄編』, 鮮交會, 1976.

広島鉄道管理局(編), 『関釜連絡船史』, 日本國有鐵道広島鉄道管理局, 1979.

姜徹(編), 『在日朝鮮韓国人史総合年表』, 雄山閣, 2002.

# 사진 부록

일제강점기 부산 잔교

일제강점기 시모노세키 잔교 터

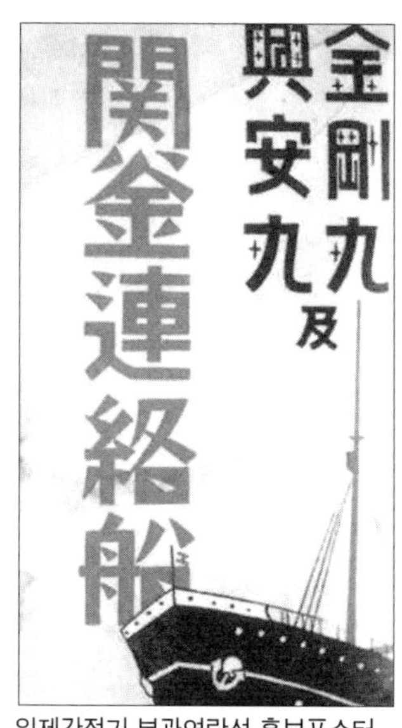


일제강점기 부관연락선 홍보포스터

일제 강점기 시모노세키역 (출처: 沢忠宏, 『関門海峡渡船史』)

미군 진주를 기다리는 서울 시민과 일본인 경찰 (1945년 9월 10일)
(출처: 毎日新聞社, 『一億人の昭和史, 日本占領1, 降伏・進駐・引揚』)

무장해제 일본인 군인에 대한 미군 제7 공병사단 병사의 소지품 검사 (1945년 9월)
(출처: 毎日新聞社, 『一億人の昭和史, 日本占領1, 降伏・進駐・引揚』)

패전직후 부산역에 집결한 일본인 군인 (1945년 10월)
(출처: 毎日新聞社, 『一億人の昭和史, 日本占領1, 降伏・進駐・引揚』)

부산을 향해 이동하는 일본인 귀환자 (1945년 10월) (출처: 浅野豊美, 『故郷へ』)

부산항 제1부두의 귀환자 예방접종소 (1945년 10월) (출처: 浅野豊美, 『故郷へ』)

부산항에서 귀환하기 전에 그룹별로 검사를 받는 일본인 군인 (1945년 10월)
(출처: 浅野豊美, 『故郷へ』)

부산항에서 귀환하기 전에 개별 소지품 검사를 받는 일본인 군인 (1945년 10월)
(출처: 浅野豊美, 『故郷へ』)

하카타 항구에서 귀환선을 기다리는 전라북도 여자근로정신대 소녀들(1945년 10월)
(출처: 毎日新聞社, 『一億人の昭和史, 日本占領 1, 降伏・進駐・引揚』)

패전직후 센자키 항구 (출처: 長門市, 『歴史の証言: 海外引揚50周年記念手記集』)

센자키항에서 귀환 수속을 밟고 있는 한인 귀환자 (1946년) (출처: 뉴질랜드 국립도서관 소장 자료)

센자키항에서 한인귀환자의 소지품을 검사하는 일본 세관원과 이를 감독하는 뉴질랜드 병사 (1946년)
(출처: 뉴질랜드 국립도서관 소장 자료)

귀환선이 정박해 있는 곳으로 이동하는 한인 귀환자 (1946년) (출처: 뉴질랜드 국립도서관 소장 자료)

귀환선이 정박해 있는 곳으로 이동하는 한인 귀환자(1946년) (출처: 뉴질랜드 국립도서관 소장 자료)

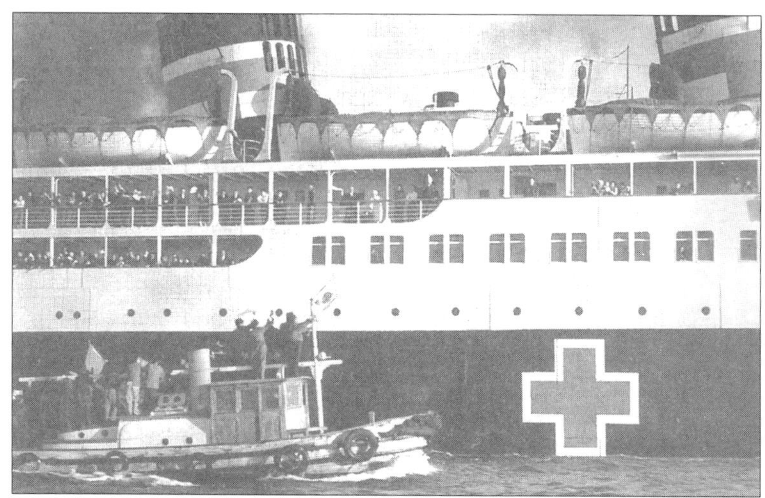
패전 직후 귀환선이 된 興安丸 (출처: 沢忠宏, 『関門海峡渡船史』)

항행 중인 귀환선 興安丸 (출처: 沢忠宏, 『関門海峡渡船史』)

부산항 제1부두에서 하선을 기다리는 한인 귀환자(1945년 10월) (출처: 浅野豊美, 『故郷へ』)

일본을 떠나 부산항에 도착한 한인 귀환자(1945년 10월) (출처: 浅野豊美, 『故郷へ』)

부산항 제1부두에 내린 한인 귀환자 (1945년 10월) (출처: 浅野豊美, 『故郷へ』)

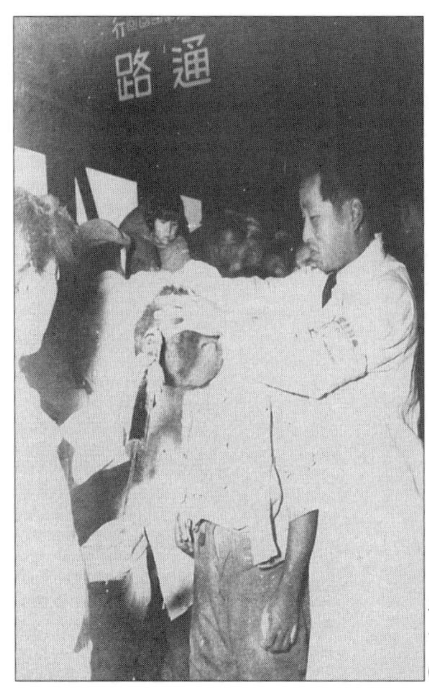


부산항 도착 후 DDT 검역을 받는
한인 귀환자(1945년 10월)
(출처: 浅野豊美, 『故郷へ』)

# 찾아보기

## 인명

## 용어

ⓞ